Ernesto Laclau

에르네스토 라클라우

/ 김내훈 · 이승원 · 이준형 · 현우식

<컴북스이론총서>는

현대를 호흡하는 사상가들을 소개합니다.

단순한 사상의 축약, 해제가 아닙니다.

해당 사상가를 연구해 온 전문가가 직접

사상가의 핵심 키워드 10개를 뽑아 해설하고 비평합니다.

인간과 비인간, 현실과 가상, 문화와 야만의

경계를 넘나드는 모든 사상을 싣겠습니다.

오늘을 살아가는 모든 이의 나침반이 되겠습니다.

컴북스이론총서

에르네스토 라클라우

김내훈·이승원·이준형·현우식

대한민국, 서울, 커뮤니케이션북스, 2025

에르네스토 라클라우

지은이 김내훈·이승원·이준형·현우식
펴낸이 박영률

초판 1쇄 펴낸날 2025년 2월 28일

커뮤니케이션북스(주)
출판 등록 제313-2007-000166호(2007년 8월 17일)
02880 서울시 성북구 성북로 5-11
전화 (02) 7474 001, 팩스 (02) 736 5047
commbooks@commbooks.com
www.commbooks.com

ISBN 979-11-7307-816-3 04300

책값은 뒤표지에 표시되어 있습니다.

민주주의의 경계 위에 선 이단아

모든 사람이 그렇듯 에르네스토 라클라우(Ernesto Laclau, 1935~2014)를 이해하려면 그가 학자로 성장하던 시절의 역사적 맥락을 이해하는 것이 중요하다. 1950~1960년대는 냉전이 시작되어 자본주의 미국과 사회주의 소련의 지배력이 전 세계 국가에 강력하게 행사되던 시기였다.

우선 1954년 프랑스 식민지인 알제리가 독립전쟁을 선포하고 프랑스와 싸우기 시작했다. 이 독립전쟁은 1962년 알제리 독립과 함께 끝났으나, 알제리 민족해방을 주저하고 프랑스 제국주의에 미련이 남았던 프랑스 좌파 세력은 정치적 정당성을 잃어 갔다. 1956년 헝가리에서는 수도 부다페스트를 중심으로 스탈린주의식 사회주의 통치에 반대하는 자유주의 운동이 폭발했다. 소련은 군사적 침공을 감행해 헝가리 시민 사회를 무력으로 진압했다. 당시 소련은 중국이 1949년 사회주의 혁명을 완성한 후 아직 그 틀을 안정적으로 잡지 못한 상황에서 사회주의 국가들의 우산 국가 역할을 하며 코민테른을 주도하고 있었다. 그러한 소련의 헝가리 침공은 헝가리뿐 아니라 여러 사회주의 국가 그리고 서유럽의 좌파 지식인들이 소련과 스탈린주의를 비판적으로 성찰하게 하는 결정적 계기가 되었다.

중남미 지역 아르헨티나에서는 1946년 후안 페론(Juan Perón)이 대통령으로 당선되어 '페론주의'라는 포퓰리즘 정치를 전개하며 대중에게 큰 인기를 얻었다. 당시 페론의 곁에는 뮤지컬 배우로 잘 알려진 에바 페론(Eva Perón), '에비타(Evita)'가 있었다. 에비타는 1952년에 사망했고, 이후 페론의 정치적 인기와 지도력은 서서히 흔들렸다. 이 틈을 타 1955년 군부가 쿠데타를 일으켰고, 페론은 스페인으로 망명한다. 이후 시행된 선거에서 어느 정도 제도화된 중도주의의 대통령이 연이어 당선되어 페론주의를 수용하려 했다. 그러나 1966년 군부는 다시 쿠데타를 일으켰다. 같은 해 체 게바라가 아르헨티나의 인접 국가 볼리비아로 잠입했고, 1년 뒤 볼리비아 정부군에 의해 체포·사살되었다. 이후 아르헨티나에서 급진 좌파 세력은 점차 페론주의자가 되었고, 노동운동 세력은 신군부 정권과 거래하는 조합주의를 발전시켰다. 1973년 페론이 정계 복귀 후 대통령에 당선되나, 그다음 해 사망하면서 아르헨티나는 또다시 정치의 회오리에 빠져든다.

이상의 역사적 사건들이 보이듯 마르크스주의에 기반

한 좌파 운동은 세계 곳곳에서 전개되었으나, 상이한 정치적 맥락과 사회적 특이성 속에서 마르크스주의가 제시한 예상된 경로로 나아가지 못했다. 오히려 반동적 결과를 초래하기도 했다. 라클라우는 이 사건들을 경험하면서 자신의 서유럽 기반 마르크스주의를 비판적으로 성찰하게 되었다.

제3세계 혁명가, 서유럽 마르크스주의 운동과 얽히다

1935년 아르헨티나 부에노스아이레스에서 태어난 라클라우는 어린 시절부터 페론주의를 경험했고, 젊은 시절에 한동안 페론주의자로 활동했다. 부에노스아이레스대학교에 입학해 역사학을 전공했고, 급진적이고 전투적인 사회주의 정당 활동을 펼쳤다. 라클라우가 청년기를 보낸 당시 라틴아메리카의 아르헨티나에서는 식민주의가 잔존하고 저발전 상태가 지속된 탓에 종속이론이 잘 들어맞았다. 이러한 청년 시절의 경험은 이후 라클라우가 제국주의 경험을 기반으로 선진 자본주의 단계에 진입한 서유럽의 마르크스주의와 끊임없이 긴장 관계를 형성하는 맥락을 이룬다.

이는 라클라우가 프랑스의 '알튀세르'를 과감히 버리지 못하는 가운데 이탈리아의 '그람시'를, 즉 이탈리아 남부 문제를 날카롭게 분석하면서 탈계급적 헤게모니 정치의 가능성과 현실을 제시한 그람시를 유럽 이론의 중심으로 받아들인 배경이기도 하다.

라클라우는 대학 재학 중이던 1958년 아르헨티나 사회당(ASP)에 가입하고 적극적으로 참여했다. 이후 1963년 전국 좌파 사회주의당 지도그룹(ASP 분파 그룹)을 주도하고, ASP 주간지인 ≪루차 오브레라(Lucha Obrera, 노동자 투쟁)≫의 편집장으로 여러 해 활동했다. 이와 함께 학내 학생운동의 지도 그룹도 함께 이끌었다. 1964년 대학을 졸업하고서는 1966년부터 투쿠만대학교에서 강사로 일했으나, 이듬해 군부에 의해 실직당했다. 이를 계기로 라클라우는 에릭 홉스봄의 도움을 받아 1969년 영국 옥스퍼드대학교 장학생 자격으로 세인트앤서니칼리지 박사 과정을 시작했고, 이후 에식스대학교로 옮겨 연구와 강의를 병행했다. 라클라우는 1977년에 박사 학위를 받았으나, 아르헨티나에서 1976년 쿠데타로 군사정권이 들어서면서 고국에 돌아가지 못하고 에식스대학교에 남아 강의를 계속하게 된다. 이후 1986년 정치학과 교수로 임명되고 2008년 명예교수로 퇴임하기까지 에식스대학교를 중심으로 강의, 연구, 집필에 집중했다. 이 시기 라클라우는 에식스대학교에서 '이데올로기와 담론분석(Ideology and Discourse Analysis)' 석박사 과정을 이끌었는데, 이후 많은 사람이 이 과정을 밟으면서 자연스럽게 에식스학파(Essex School)가 형성되었다.

라클라우는 샹탈 무페(Chantal Mouffe, 1943～)와 함께 쓴 문제작 ≪헤게모니와 사회주의 전략(Hegemony and Socialist Strategy)≫을 출간한 후 서구의 중심 지성들과 여러 차례 그리고 대단히 치열하게 논쟁을 벌였다. 라클라우가 이 책을 통해 도전한 과제는 마르크스주의에서 작동해 온 경제결정론과 계급환원론, 자본주의 질서가 강화하는 파편화된 개인주의와 표준화 등 그 모든 현실적 전체주의와 서구 중심적 보편주의를 넘어서는 정치적 실천 즉 '헤게모니의 이론화'였을 것이다. 이것이 라클라우가 무페와 함께 생각한, 이론에서 시작하는 민주주의의 급진화였을 것이다.

21세기 초 라클라우는 아르헨티나 정치에 적극적으로 개입했다. 네스토르 키르치네르(Néstor Kirchner) 정부의 정치적 자문으로 활동했고, 학계뿐 아니라 여러 일반 시민에게 폭넓게 지지받았다. 라클라우는 그의 동반자인 무페와 함께 스페인의 급진좌파 정당인 포데모스(Podemos)를 지원했으며, 그가 쓰러진 최후의 장소 또한 포데모스와 함께했던 스페인 세비야였다.

마르크스주의 위에서, 마르크스주의를 넘어서기

라클라우가 극복하려 했던 기존 마르크스주의의 문제나 한계는 무엇이었을까? 이 질문은 라클라우의 이론이 '담론의 비물질성'을 주장한다는, 오해 섞인 비판과 함께 라클라우가 가장 많이 받는 질문이다. 또 가장 민감하고 논쟁적이며 무겁고 힘든 질문이다. 그만큼 ≪헤게모니와 사회주의 전략≫에서 출발하는 라클라우의 사상을 이해하는 데 가장 중요한 질문이기도 하다.

라클라우의 문제의식은 누구의 이론이 마르크스주의에 더 가깝거나 마르크스주의를 현실에 맞게 정교하게 다듬고 있는지, 누구의 철학이 사회주의 혁명과 노동 해방을 위해 더 급진적이고 비타협적인지 평가하거나 발전시키는 데 있지 않을 것이다. 라클라우는 무페와 함께 '포스트' 마르크스주의가 중요한 이유를 '정치의 위기' 그 자체에서 찾았다. 라클라우가 보기에 사실상 1980년대 이후 자본주의와 보수주의 정치는 민주주의를 왜곡하면서 정치를 독점하고, 사회경제적 불평등을 심화하고, 더 나아가 혐오와 차별에 맞선 개인을 무기력하게 했다. 그럼에도 그동안 소위 마르크스주의 '좌파'는 이러한 정치사회적 악화를 막는 데 무능력을 보이거나 그에 타협하면서 정치를 엘리트주의로 축소하고, 총파업 신화 속에 빠져 대중적 지지를 잃고 변질되어 왔다고 라클라우와 무페는 진단한다.

라클라우와 무페는 이러한 마르크스주의의 위기가 소위 정통 마르크스주의 이론이 고수한 경제결정론과 계급환원론에서 기원한다고 본다. 라클라우와 무페에게 경제결정론은 사실상 정치의 자율성을 제약하고 통치 전략에 대한 분석을 무기력하게 만드는 원인이다. 계급환원론은 보편적이고 특권적인 정치 주체를 강조하면서 민주주의의 급진적 확장과 엘리트 정치를 넘어선 인민 주권의 복원을 제약하는 원인이다. 이 두 개념에 갇힌 마르크스주의는 1960년대 이후 사회 수면 위로 떠오른 다양한 권리 담론들과 새로운 정치 주체의 출현을 파악하지 못하거나 인정하기를 주저했다. 이는 오늘날 소위 '급진적인(하지만 사실은 정치적이지 않은)' 노동운동이 다양한 권리 담론과 결합하기를 주저하는 동안 반민주적인 지배 권력에 맞서기 위한 대중적 지지를 확장하지 못하는 이유 중 하나일 것이다. 결국 라클라우와 무페는 이러한 마르크스주의의 이론적 교조성과 정치적 주저함이 오늘날 좌파를 무능력하게 만들고, 신자유주의와 우파 포퓰리즘이 사회적 신화로 부상하도록 했다고 본다.

여기서 비판의 핵심은 이론을 실현하려는 실천의 부족함에서 위기의 원인을 찾는 것이 아니라 이론 그 자체가 실천의 위기를 불러일으켰다는 점을 밝히는 데 있다. 라클라우와 무페의 마르크스주의 비판, '해방' 담론의 해방과 자본주의 권력을 넘어선 정치의 복원이라는 이들의 목적이 마르크스주의와 조화될 수 있음에도 불구하고, 이들의 사상과 이론은 변절이라고 낙인찍히며 엄청난 비난을 받는다. 라클라우와 무페는 자신들에 대한 마르크스주의의 전형적 비판·비난조차 마르크스주의가 마주한 위기의 한 측면이라고 보는 것 같기도 하다.

여기서 라클라우가 어떤 '현실'을 주목하는지가 중요해진다. 서구 마르크스주의는 그간 유럽의 현실을 주로 주목해 왔다. 러시아혁명과 중국혁명은 일종의 변종이자 예외다. 하지만 라클라우에게 이들 변종과 예외는 그 자체로 현실이다. 라클라우의 생애를 떠올려 볼 때, 라클라우가 아르헨티나 페론주의와 군부 쿠데타를 '직접' 경험한 것은 유럽이라는 보편성이 더 이상 보편성이 아닌 또 하나의 특수성이라는 것을 깨닫는 데 바탕이 되었을 것이다. 특수성/특수주의라는 관점에서 볼 때 이 모든 다양한 맥락의 정치적 현상은 중심과 주변, 정상과 예외가 아니라 다양성과 차이에 따라 파악되어야 하고, 마르크스주의 이론은 이 위에서 재구성되어야 한다. 지역적 맥락 그리고 신자유주의라는 지구적 맥락이 얽혀 있는 지점에서 마르크스주의를, 더 나아가 정치를 생각해야 한다. 여기에는 기존 학문적 경계를 넘어서는 복합적인 지적·실천적 노력이 뒤따라야 할 것이다.

라클라우는 무페와 함께 초기 서구 마르크스주의의 위기에 대한 마르크스주의 내부의 대응과 그 한계를 살펴본다. 라클라우에 따르면 그 위기는 로자 룩셈부르크의 고민으로 드러났고, 카우츠키, 베른슈타인, 소렐 등이 정치 실험으로 이에 대응했지만 위기의 본질을 파악하지 못한 채 실패했다. 이후 라클라우와 무페는 1970년대 말 서구 복지국가의 위기 그리고 신자유주의의 출현 속에서 또다시 불거진 마르크스주의의 위기를 분석하고, 이 과정에서 경제결정론과 계급환원론을 비판하면서 본질주의와 보편주의에 기반한 이 두 개념을 넘어서는 새로운 개념으로 마르크스주의에 기반하는 혹은 넘어서는 새로운 정치이론을 구성하려고 한다. 그 일환이 바로 라클라우와 무페가 레닌에게서 기원을 찾고 그람시에게서 확장 가능성을 발견한 '헤게모니' 개념이다.

헤게모니 개념은 보편성을 추구하는 이론의 영역과, 특수한 현실들이 보편성에 도전하는 실천의 영역이 서로 조화를 이루지 못하는 지점에서 이 둘을 조화시키기 위한 정치적 행위와 관련된다. 헤게모니 혹은 헤게모니적 실천은 이러한 조화를 이루지 못하는 '우연성'과 '차이'의 세계에서 특정한 목적을 내세우고 참여자들을 설득해 그 특정한 목적이 사람들에게 보편적이고 절대적인 목적, 즉 보편적인 윤리와 신념체계로 받아들여지도록 하는 대단히 복잡하고 정치적인 실천이다. 헤게모니는 정치 혹은 정치의 우위성을 사고하게 하는 핵심 개념이며, 특수한 맥락에서 특수한 내용을 바탕으로 '도달 불가능한 완벽함'을 '실현 가능한 완벽함'으로 사고할 수 있도록 하는 기능을 한다.

라클라우와 무페는 헤게모니에 대해 종종 두 가지 사례를 제시한다. 하나는 러시아혁명이고, 다른 하나는 영국의 대처주의(Thatcherism)다(이후 라클라우와 무페는 다양한 우파 포퓰리즘의 헤게모니 실천 사례를 연구한다).

러시아혁명에서는 부르주아의 필수 역할을 프롤레타리아트가 대신했다. 러시아의 프롤레타리아는 서구 자본주의 사회의 프롤레타리아에 비해 덜 성숙했고 다수가 아니었다. 러시아혁명은 그러한 집단이 사회의 보편 계급이자 해방의 주체로 부상하면서 기존 마르크스주의 이론이 제시한 발전 경로를 이탈하고 사회주의 혁명을 완성한 사례다. 그래서 '예외적'인 것이기도 하다. 라클라우와 무페는 이러한 예외성이 레닌에서 비롯한 '헤게모니' 때문에 가능했다고 본다.

대처주의와 관련해서는 더 많은 이야기가 필요하지만, 가장 중요한 것 중 하나는 마거릿 대처가 정치를 엘리트화하고 독점했다는 점이다. 대처는 자신의 신자유주의 이데올로기 속에서 대중을 '납세자', '소비자', '복지 구걸자' 등으로 재편하고, 민주주의를 신자유주의와 결합했다. 대처주의는 토니 블레어의 신노동당으로까지 이어지는 헤게모니 실천의 끝을 보여 줬다고 해도 과언이 아니다.

이상의 사례 분석을 통해 라클라우와 무페는 헤게모니적 실천을 가능하게 하는 존재론적 기반을 탐구하고 이를 이론화하기 위한 여러 개념들을 발전시킨다. 라클라우와 무페는 소쉬르로부터 시작하는 구조주의 언어학과 반본질주의 그리고 포스트구조주의 이론을 연구한다. 소쉬르와 비트겐슈타인부터 알튀세르와 그람시 그리고 데리다(탈구축)와 라캉(정신분석학)의 이론에 기대어 자신들의 포스트구조주의적 '담론' 이론을 발전시킨다. 여기에서 이들은 '접합', '적대와 탈구', '등가와 차이', '비어 있는 기표', '결절점', '정치의 우위성', '정치적 경계', '헤게모니', '신화와 사회적 상상'과 같은 개념들을 구체화한다.

이러한 작업 이후 라클라우는 중세 신비주의 신학, 프루스트의 문학, 파스칼의 철학 등을 연구해 불가능한/부재하는 완벽함/보편성이 띠는 정치적 의미와 이를 재현하는 헤게모니적 실천 간 관계를 은유나 환유와 같은 수사학적 이해 속에서 설명하기도 한다. 이 과정에서 '정동(affect)' 개념도 중요하게 부상한다.

그러나 무엇보다 헤게모니는 '계급투쟁'과의 관계하에서 살펴볼 필요가 있다. 결국 라클라우와 무페에게 헤게모니적 실천은 계급투쟁을 강조하는 마르크스주의에 대한 중요한 제언이기 때문이다. 계급투쟁이 그 정치적 목표를 달성하려면 다른 반자본주의, 반권위주의, 반남성주의, 반인종주의 등 다양한 해방적 주체들의 권리 담론과 정치적 주체성을 인정하고 수평적 관계를 확장해 나가야 한다. 이 과정에서 노동 계급은 특권적 주체로 부상할 수도 있고, 다른 특권적 주체나 가치를 지지하고 해방 기획을 추구하는 강력한 기반이 될 수도 있다. 이로써 계급투쟁은 또 다른 전체주의로 빠지지 않고 민주주의를 급진적으로 확장하는 가장 중요한 길을 낼 수 있다. 즉 헤게모니 실천 없는 계급투쟁은 불가능하다. 이것이 라클라우의 사상과 이론이 급진 민주주의와 이어지는 지점이다.

아마도 라클라우에게 가장 중요한 이론-정치적 목표 중 하나는 민주주의 영역에서 전체주의의 가능성을 차단하는 일일 것이다. 필연성과 영원성을 강조하면서 폐쇄·차별·특권을 주장하고 차이를 인정하지 않는 전체주의에 맞설 때, 민주주의는 특정한 가치·제도·집단에 그치지 않고 그간 드러나지 않던 목소리들을 좇아 끊임없이 확장될 수 있다. 이것이 바로 우연성과 유한성을 인정하는 급진 민주주의 또는 급진 다원 민주주의의 핵심이다.

아울러 라클라우의 또 다른 이론-정치적 목표는 엘리트-관료제 기반 대의제가 정치를 독점하고 있는 상황에서 '인민'을 정치적 주체로 드러내면서 정치 공간을 급진적으로 확장하는 실천의 재활성화일 것이다. 라클라우는 '인민'이 어떻게 구성되는지, 어떤 정치적 이름을 띠게 되는지에 따라 정치가 재구성될 수 있다고 본다. 따라서 포퓰리즘은 단지 특정한 정치 현상이 아니라 인민과 정치를 구성하는 정치 논리다. 등가와 차이 논리로 재현되는 헤게모니는 이 정치 논리의 실천 양식이다.

모든 해방 운동에 기여하는 논쟁을 위해

라클라우의 사상은 1990년대 초 당시 정치-이론적 좌우파 양자 모두에게서 비난 수준의 비판을 받는 아주 '독특한 경로'로 국내에 들어왔다(이 '독특한 경로'에 대해서는 현우식, 2023 참조). 이 책은 김내훈, 이승원, 이준형, 현우식 네 명이 공동으로 작업한 결과물이다. 몇 년 전 우리는 우연한 기회에 저 '독특한 경로'로 인해 굴절 혹은 왜곡된 라클라우의 사상과 이론에 대한 연구를 '재활성화'할 필요가 있다는 공감대를 이뤘다. 이 책은 그 '재활성화'의 시작이다. 이 책의 내용은 우리가 함께 이해하고 재현한 연구물이며, 따라서 우리는 이 책의 내용에 대한 비판과 또 다른 해석을 환영한다. 우리가 이 책을 쓴 이유는 라클라우 이론을 훈고학적으로 지키기 위해서라기보다, 이 책 자체가 어떤 평가를 받든 포퓰리즘, 민주주의, 정치에 대한 또 다른 성찰과 새로운 실천의 계기가 민주주의의 방어와 급진화를 열망하는 이들 사이에 퍼지기를 바라기 때문이다.

이 책에서 우리는 라클라우 사상과 이론을 이해하는 데 매우 중요한 여러 개념 중에서 열 가지 용어를 선택해, 우리가 이해한 수준에서 설명했다. 이 열 가지 용어는 가장 중요한 순이 아니라 라클라우 이론을 좀 더 명확히 이해하는 데 도움이 되는 점을 고려해 선택한 것들이다. 다른 사상과 이론에서처럼 이들 용어는 하나의 입체 도형을 이루는 면과 선 또는 꼭짓점과 같아서 어느 용어에서 출발해도 다른 용어와 복합적으로 연결된다. 동료 연구자 네 명의 공동 작업인 만큼 독자들은 이 책을 읽으며 시각장애인 네 명이 각자 코끼리의 다른 부분을 만지면서 코끼리에 대해 말하는 듯한 느낌을 받을 수도 있을 것이다. 여러 부족한 점은 우리 네 명의 몫이며, 독자 여러분의 비판과 논쟁을 통해 많은 것을 발전시켜 나가도록 하겠다.

2024년 11월
동료 연구자들을 대표해서
이승원 씀

참고문헌

현우식(2023). “라클라우 사상의 수용 과정과 쟁점: 국내 비판적 인문사회과학 연구에서 ‘라클라우의 이름’의 의미”. 《경제와사회》, 138, 168-195쪽.

차례

일러두기

- 인명, 작품명, 저서명, 개념어 등은 한글과 함께 괄호 안에 해당 국가의 원어를 병기했습니다.
- 외래어 표기는 현행 어문규정의 외래어표기법을 따랐습니다.

01
포스트-마르크스주의

라클라우의 포스트-마르크스주의는 마르크스주의 전통에서 헤게모니 개념의 탈구축 작업을 중심으로 전개된 반본질주의적 기획이라고 볼 수 있다. 라클라우는 마르크스주의의 토대-상부 구조 모델과 실체로서 '사회' 개념을 해체하고, '사회적인 것'이 존재론적 차원에서 담론적·정치적으로 구성된다고 파악했다.

포스트-마르크스주의: 역사적 맥락

1985년 라클라우와 무페의 ≪헤게모니와 사회주의 전략≫이 발표된 이후 여러 사람들이 라클라우(와 무페)의 사상에 '포스트-마르크스주의'라는 이름을 붙여 왔다. 포스트-마르크스주의는 주로 마르크스주의자들에 의해 마르크스주의 이론과 실천의 체계에서 이탈한 탈(脫)마르크스주의, 더 나아가 마르크스주의에 반하는 반(反)마르크스주의라고 부정적으로 맥락화되었다. 한국에서도 마찬가지다. 한국에서 라클라우의 사상은 1990년대 초반 현실 사회주의의 몰락과 변혁적 사회운동의 위기라는 대내외적 정세 속에서 수용되었다. 그러나 당시 포스트-마르크스주의는 마르크스주의 진영과 반(反)마르크스주의 진영의 적대적 구도 내에서 잠깐의 자극적 논쟁만을 촉발했을 뿐 학술적 논의의 대상이 되지는 못했다(김정한, 2012). 이 때문에 한국의 학술장에서 라클라우의 포스트-마르크스주의는 고전 마르크스주의(classical marxism)의 경제결정론과 계급환원론에 대한 비판이라는 소박한 의미를 띠는 것으로 여겨지는 데 그쳤다.

라클라우의 포스트-마르크스주의가 무엇을 뜻하는지 이해하려면 먼저 ≪헤게모니와 사회주의 전략≫이 발표된 1980년대 중반 서유럽의 지성사적 맥락에 주목할 필요가 있다. 예컨대 이러한 질문을 던져 볼 수 있다. 당시 라클라우가 넘어서려('포스트') 했던 마르크스주의는 어떤 마르크스주의였는가? 라클라우의 작업에서 마르크스주의를 넘어선다는 것은 무엇을 의미하는가? 즉 포스트-마르크스주의를 이야기하기 전에 마르크스주의라고 불리는 이론과 실천의 체계가 무엇인지 정의할 필요가 있다.

역사적으로 보면 마르크스주의라고 부를 수 있는 이론과 실천의 체계들은 매우 다양했고 서로 이질적이었다. 이를 가로지르는 총체로서 마르크스주의가 존재한다는 생각은 판타지다. 단, 라클라우가 1985년 ≪헤게모니와 사회주의 전략≫이 발표할 당시 넘어서려 했던 마르크스주의의 대략적 윤곽을 이야기하는 것은 가능하다. 라클라우는 당시 '서구 마르크스주의(western marxism)'라고 불리는 지적 운동이 현실의 다양한 적대와 투쟁을 설명하고 대안적 세계상을 제시하는 데 실패하고 있다고 진단했다. 라클라우는 고전 마르크스주의와 서구 마르크스주의를 관통하는 마르크스주의의 본질주의적 패러다임을 탈구축(deconstruction)할 필요가 있다고 보았다.

서구 마르크스주의는 고전 마르크스주의의 여러 이론적·정치적 난점을 해결하려는 과정에서 등장했다. 고전 마르크스주의의 문제로는 종종 '경제결정론'과 '계급환원론'이 지목되었다. 따라서 서구 마르크스주의는 고전 마르크스주의에서 '상부 구조'의 영역으로 여겨졌던 정치, 이데올로기, 문화의 차원을 강조하는 경향이 있었다. 마르크스주의에서 이데올로기 개념을 적극적으로 재해석한 알튀세르와 그 동료들의 작업, 자본주의 사회의 문화산업을 비판적으로 분석한 프랑크푸르트학파의 작업 등이 대표적이다.

그러나 라클라우가 보기에 1970년대 중반 서구 마르크스주의자들의 이론 작업은 한계에 봉착해 있었다. 당시는 68혁명을 전후해 새로운 페미니즘 운동, 인종적·민족적·성적 소수자들의 저항 운동, 주변화된 주민들이 전개하는 반제도적 생태 투쟁, 반핵 운동, 주변부 자본주의 국가에서의 여러 투쟁들이 분출하던 시기였다. 이들 투쟁은 노동운동을 중심으로 하는 과거의 사회운동과 구분되며, '계급'과 같은 전통적 범주로 설명이 불가능하다는 점에서 새로운 사회운동(new social movement)이라고 불리기도 했다. 이러한 상황에서 1970년대 서구 마르크스주의는 시대의 투쟁에 반영된 열망을 해석하고 이로부터 대안적 세계상을 제시하는 데 한계를 보였고, 현실의 변화를 그저 추수하는 사회학적 기술주의(descriptivism)와 변화를 부정한 채 이론이라는 엄폐물 뒤로 후퇴하는 이론주의 사이에서 동요하고 있었다.

라클라우의 포스트-마르크스주의는 이러한 정세 속에서의 이론적 개입, (혹은 그의 표현을 빌리자면) 담론적 실천(discursive practice)이라고 할 수 있다. 라클라우는 에드문트 후설의 용어를 차용해, 자신의 포스트-마르크스주의를 침전된(sedimented) 마르크스주의의 이론적 범주들을 재활성화(reactivating)하는 작업이라고 설명한다. 이론적 범주가 '침전되었다'는 표현은 그 범주가 도입되었던 당시의 정치적 과정이 은폐되면서 자명한 것으로 여겨지게 된 상황을 의미한다. 재활성화는 그 잊힌 정치적 과정을 다시 드러내는 작업이다. 라클라우는 이러한 재활성화를 위해 마르크스주의적 범주들이 하나의 총체적인 체계로 구성되는 과정이 처음부터 정치적, 즉 우연적이었다는 것을 보여 주려 했다.

철학적 배경

라클라우의 이러한 시도는 필연적으로 마르크스주의 이론의 중심 범주를 탈구축하는 작업을 수반한다. 라클라우는 데리다의 탈구축 철학에 영향을 받아 마르크스주의적 범주들의 가능성 조건을 해체하고, 그 범주들을 새로운 이론 체계하에서 재구축하려 했다. 특히 라클라우가 ≪헤게모니와 사회주의 전략≫에서 탈구축의 주요 대상으로 삼은 개념은 '헤게모니'였다. 마르크스주의 역사에서 헤게모니 개념은 폐쇄된 이론 체계로 설명할 수 없는 이론적·정치적 문제에 대응하는 과정에서 발전했다. 이러한 점에서 헤게모니 개념은 포스트-마르크스주의적 이론화에 적합했다. 라클라우가 보기에 헤게모니 개념은 마르크스주의의 기존 범주들과 양립할 수 없는, 우연적인 것의 논리를 마르크스주의 이론 체계에 도입한다. 라클라우는 레닌과 그람시가 발전시킨 이 개념을 더욱 급진화해 포스트-마르크스주의 이론의 핵심 범주로 삼았다.

라클라우는 자신의 포스트-마르크스주의적 기획이 20세기 철학의 반(反)본질주의 운동에 영향을 받았다는 점을 강조한다(Laclau, 2001). 대표적으로 비트겐슈타인의 후기분석철학, 하이데거의 실존론적 현상학, 바르트·데리다·라캉의 포스트구조주의를 들 수 있다. 이 철학자들은 특정한 철학 전통(분석철학, 현상학, 구조주의)이 사물 자체에 직접적으로 접근할 수 있다는 '직접성의 판타지'에 토대하고 있다는 것을 보여 줌으로써 이들 철학 전통을 각각 탈구축하려 했다. 분석철학의 지시체(referent), 현상학의 현상(phenomenon), 구조주의의 기호(sign) 개념은 직접성의 판타지를 드러내는 개념이라는 점에서 탈구축의 주요 대상이었다. 이 철학자들은 본질주의에 반대하고 언어적·담론적 차원이 띠는 일차적이고 구성적인 역할을 강조한다는 점에서 공통점이 있다.

요컨대 라클라우의 포스트-마르크스주의는 마르크스주의 전통에서 헤게모니 개념의 탈구축 작업을 중심으로 전개된 반본질주의적 기획이라고 볼 수 있다. 라클라우는 마르크스주의의 토대-상부 구조 모델과 실체로서 '사회' 개념을 해체하고, '사회적인 것'이 존재론적 차원에서 담론적·정치적으로 구성된다고 파악했다. 이로써 라클라우는 사회적인 것의 구성에 앞서 존재하는 정치적인 것의 영역을, 사회적 과정의 결정적 영향에서 자율적인 정치의 영역을 드러낼 수 있었다. 더 나아가 라클라우는 마르크스주의 전통에서 알튀세르의 과잉결정(overdetermination)과 상대적 자율성(relative autonomy) 개념을 급진화하면서 '최종심급(last instance)에서의 경제'라는 관념에 의존하지 않는, '정치적인 것'이라는 자율적 영역을 이론화하려 했다.

미완의 과제로서의 포스트-마르크스주의

라클라우는 ≪헤게모니와 사회주의 전략≫의 지적 기획이 "포스트-마르크스주의라면, 그것은 또한 포스트-마르크스주의이기도 하다"라고 말한다(Laclau & Mouffe, 1985). 전자의 포스트-마르크스주의는 고전 마르크스주의와 서구 마르크스주의를 관통하는, 정치에 대한 마르크스주의의 본질주의적 패러다임을 벗어나려 하는 이론적 기획을 의미한다. 후자의 포스트-마르크스주의는 계급 적대로 환원되지 않는 당대의 투쟁에 반영된 열망을 해석하고, 이로부터 대안적 세계상을 제시하려 한다는 점에서 또 하나의 재해석된 마르크스주의라고 이해할 수 있다.

라클라우와 무페는 자신들의 작업이 마르크스주의의 지적 전통을 넘어서는 과정일 뿐 아니라 그것을 재전유하는 과정으로 적절히 해석되기만 한다면, 자신들의 작업을 포스트-마르크스주의라고 부르는 것에 반대하지 않겠다고 말한다. 다만 라클라우와 무페는 포스트-마르크스주의가 마르크스주의 내부의 역사로만 파악돼서는 안 된다고 강조한다. 수많은 사회적 적대들, 즉 현대사회를 이해하는 데 핵심적인 수많은 쟁점들은 마르크스주의 외부에 존재하는 담론장(fields of discursive)에 속해 있다. 따라서 현실에서 드러나는 사회적 적대들은 그 자체로 마르크스주의를 외부에 개방된 이론과 실천의 체계로 이해하도록 강제한다.

특정한 마르크스주의적 관점을 바탕으로 라클라우의 포스트-마르크스주의를 탈(脫)마르크스주의 혹은 반(反)마르크스주의로 해석하는 것은 무리가 있다. 오히려 라클라우의 포스트-마르크스주의를 탈마르크스주의 혹은 반마르크스주의와 동일시하게 하는 역사적 조건을 반성적으로 고찰할 필요가 있다. 1990년대 초반 대내외적 정세 속에서 한국의 마르크스주의와 민중·민족 담론이 위기에 봉착하자, 한국의 마르크스주의는 라클라우가 의도한 의미에서의 포스트-마르크스주의로 전환을 이루지 못하고 대부분 각종 '포스트 담론'으로 대체되었다(진태원, 2012). 그 결과 1980년대의 지적 전통은 상당 부분 유실되었으며, '낡은 것'으로 치부되었다.

이러한 상황에서도 일군의 지식인들은 알튀세르와 에티엔 발리바르 혹은 질 들뢰즈와 안토니오 네그리 등의 새로운 사상을 수용하면서 한국적 포스트-마르크스주의의 경로를 형성해 나가기도 했다. 그러나 정작 대표적인 포스트-마르크스주의 사상으로 알려져 있는 라클라우 사상은 한국에서 적극적 논의의 대상이 되지 못했다. 2000년대 후반 이후 급진 민주주의 기획과 좌파 포퓰리즘 전략에 대한 관심 속에서 라클라우 사상에 대한 논의가 다시 점화되기도 했지만, 라클라우 사상은 이를 적극적으로 수용한 논자들 사이에서도 '담론환원주의'와 '전략적 모호성'을 이유로 사회 이론으로도, 사회운동 전략으로도 부적합하다고 여겨졌다(현우식, 2023).

1980년대 좌파 지식인들 대부분이 마르크스주의자였다는 점에서 포스트-마르크스주의로의 전환은 1990년대 이후 한국의 비판적 인문사회과학 학술장의 핵심 과제라고 할 수 있다. 그러나 이 과정이 마르크스주의의 청산과 포스트 담론의 대체로 이어졌다는 점에서 포스트-마르크스주의는 여전히 미완의 과제로 남아 있다고 할 수 있다. 라클라우의 포스트-마르크스주의 그리고 포스트-마르크스주의의 한국적 수용은 1990년대 이후 한국의 좌파 지성계를 돌아볼 수 있는 거울이자 새로운 이론적 실천의 준거점이라고 할 수 있다.

참고문헌

김정한(2012). "한국에서 포스트맑스주의의 수용 과정과 쟁점들". 《민족문화연구》, 57, 57-90쪽.

에르네르토 라클라우·샹탈 무페 지음, 이승원 옮김(2012). 《헤게모니와 사회주의 전략: 급진 민주주의 정치를 향하여》. 후마니타스.

진태원(2012). "'포스트 담론'의 유령들: 애도의 애도를 위하여". 《민족문화연구》, 57. 5-55쪽.

현우식(2023). "라클라우 사상의 수용 과정과 쟁점: 국내 비판적 인문사회과학 연구에서 '라클라우의 이름'의 의미". 《경제와사회》, 138, 168-195쪽.

Laclau, E.(2001). Philosophical Roots of Discourse Theory.

Laclau, E. & Mouffe, C.(1985). *Hegemony and Socialist Strategy: Toward Radical Democracy*. Verso.

02
담론

라클라우 사상의 담론 개념은 존재론적 차원에서 이해할 필요가 있다. 라클라우가 자신의 사상이 담론환원주의라는 비판에 직면하면서도 담론 개념을 엄격하게 존재론적 차원에서 접근하는 이유는 결국 담론적 차원의 정치적 성격을 강조하기 위해서다. 라클라우에게 담론적 차원은 의미를 부분적으로 고정하려 하는 다양한 접합적 실천이 경합하는 장이다.

담론 개념의 계보

담론(談論, discourse)은 어떤 주제에 관한 이야기를 뜻한다. 학술 영역에서는 주로 논리적 체계가 있는 이론이나 주장이라는 의미로 쓰인다. 이 경우 담론은 대체로 말해진 것, 쓰인 것과 같이 언어로 표현된 것을 의미한다. 그러나 라클라우의 담론 개념은 언어적인 것에 한정되지 않고 다양한 요소를 포함한다. 담론은 특정한 실체가 있는 대상의 차원을 의미하는 존재적(ontic) 차원이 아니라 모든 존재의 의미가 구성되는 존재론적(ontological) 차원과 관련이 있다. 담론은 특정한 실체를 의미 있는(meaningful) 존재로 만드는데, 그 의미가 언제나 불완전하고 불안정할 수밖에 없다는 점에서 존재의 (불)가능성 조건이라고 할 수 있다.

이러한 담론 개념은 20세기 중반 이후 서양 철학의 언어적 전회(linguistic turn)의 영향을 받은 것이다. 언어적 전회는 언어의 본성, 세계와 언어 사이, 주체와 언어 사이에 관한 기존의 이해를 급진적으로 뒤집어 놓았다. 언어는 단지 주체가 세계를 이해하기 위해 쓰는 투명한 도구가 아니라, 오히려 주체와 대상을 포함한 세계의 모든 것에 앞서 존재하면서 세계를 특정한 방식으로 구성해 온 것으로 여겨졌다. 이로써 담론 개념은 더 이상 언어적 요소들의 집합만을 의미하지 않게 되었다. 모든 인간 행위와 사회적 제도가 언어와 유사한 형식적 구조를 띠고 있으며, 언어학적 모델을 통해 분석할 수 있다는 주장이 제기되기 시작했다.

페르디낭 드 소쉬르의 구조주의 언어학은 '사회적인 것'을 상징체계(symbolic system)의 관점에서 이해할 가능성을 열었다. 소쉬르는 기호(sign)의 의미는 오직 다른 기호와의 관계와 차이를 통해서만 구성된다고 보면서 언어를 '차이의 체계'로 이해하려 했다. 소쉬르 이후 언어는 점점 더 실체(substance)에 의존하지 않는 형식적 체계로 여겨졌으며, 언어적 모델을 사회과학 연구에 적용할 가능성이 확장되었다. 대표적으로 클로드 레비스트로스는 소쉬르의 언어학적 모델을 인류학 연구에 적용해 원시사회의 토테미즘과 신화들이 띠는 공통의 담론 구조를 밝히려 했다.

그러나 소쉬르와 레비스트로스로 대표되는 고전적 구조주의 모델은 담론 구조의 폐쇄성과 안정성을 강조하면서 구조 자체의 역사적 변동을 설명하지 못하며, 여전히 의미 과정의 기원으로서 '통일된 인간 주체와 정신'에 의존한다는 한계가 있었다. 이러한 난점을 극복하려는 과정에서 후대에 포스트구조주의라고 불리는 사조가 형성되었다. 푸코, 라캉, 데리다 등은 담론 구조의 기원으로 여겨지는 주체의 중심성을 탈구축하면서 어떤 의미와 정체성도 완전하게 구성될 수 없다는 점을 드러내려 했다. 이로써 담론 체계의 내적 논리보다 체계 외부에서 작동하는 우연적 힘의 차원이 더욱 강조되었다.

라클라우의 담론 개념은 언어적 전회 이후 포스트구조주의적 담론 이론의 영향을 받으며 발전했다. 라클라우는 담론적 차원과 담론 외적인 차원을 구분하지 않는다. 앞서 언급했듯 모든 언어적/비언어적, 물질적/비물질적 대상은 언어에 앞서 존재하지 않는다는 점에서 담론적으로 구성된 것이기 때문이다. 일반적으로 담론이 '~에 대한 담론'으로서 언제나 담론 바깥의 지시체(reference)에 대응하는 이차적인 것이라면, 라클라우 사상에서 담론은 세계의 구성에서 일차적인 것이다. 이러한 관점에 따르면 모든 존재는 담론적으로 구성된 것이라는 급진적 주장이 가능하다.

담론 개념에 대한 비판

그러나 바로 이 점 때문에 라클라우의 담론 개념은 여러 비판에 직면하기도 했다. 먼저 라클라우의 담론 이론이 '담론 바깥에 아무것도 없다'고 주장하면서 모든 존재를 담론으로 환원하는 '담론환원주의'가 아니냐는 비판이 제기되었다. 예를 들어 언어가 존재하기 이전, 심지어 인간이 존재하기 이전에도 지구와 같은 물질적 실체는 존재하지 않았느냐는 질문이 가능하다. 이에 대해 라클라우는 담론 외부에서도 대상의 실체는 실존(existence)할 수 있지만, 의미 있는 대상으로서 존재(being)할 수는 없다는 점을 강조한다. 라클라우가 강조하는 점은 우리가 지구처럼 확실해 보이는 실체에 대해 '말할' 때 원하든 원치 않든 이미 특정한 담론 구조에 영향을 받으며, 그 담론 구조 바깥에서 실체의 의미에 직접적으로 접근하는 일이 불가능하다는 것이다.

한편으로 라클라우의 담론 이론이 모든 존재가 담론적 구조에 의해 결정된다고 주장하는 '구조적 결정론'이 아니냐는 비판이 제기되기도 했다. 그러나 우리가 어떤 차원이 다른 차원에 인과적으로 결정적(decisive) 영향을 끼친다고 주장하려면 특정한 담론 구조에 의해 이미 구성된 존재들 사이의 관계를 전제해야 한다. 예를 들어 경제적 차원이 전체로서 사회의 형성을 결정한다고 말하려면 전체로서 사회가 어떤 차원으로 나뉘어 있는지 전제해야 한다. 그러나 엄격하게 존재론적인 라클라우 사상의 담론 개념은 존재적 차원 간의 인과적 관계에 대해서는 '말하지 않는다'.

담론은 모든 의미의 구성을 규정하는 토대(ground)라기보다는 현상학적 의미에서의 지평(horizon)에 가깝다. 그러므로 라클라우에게 담론을 가능하게 하는 조건을 묻는 것은 무의미하다. 그러한 질문은 "유물론자에게 물질의 가능성 조건을 묻는 것과 같으며, 유신론자에게 신의 가능성 조건을 묻는 것과 같다"(Laclau & Mouffe, 1987: 86).

라클라우의 담론 개념은 모든 의미와 정체성의 기원으로서 주체라는 관념에 도전한다. 주체가 담론을 생산하는 것이 아니라 담론이 주체를 생산한다. 담론은 사회적 행위자가 동일시할 수 있는 복수의 주체 위치(subject position)를 제공한다. 다양한 주체 위치들 사이의 접합(articulation)은 언제나 우연적이며 불완전하다. 이러한 관점은 모든 것을 우연에 맡겨 놓는 허무주의와 거리가 멀다. 오히려 모든 의미와 정체성이 불완전하고 불안정하기 때문에 결절점(nodal point)를 구축함으로써 대상의 의미와 정체성을 일시적으로 고정시키려 하는 접합적 실천(articulatory practice)이 더욱 중요해진다.

담론적 차원의 정치적 성격

접합적 실천이 가능한 이유는 담론 구조가 개방성(openness)을 띠고 있고, 모든 의미와 정체성이 특정 담론 체계 너머에 있는 담론장에 의해 끊임없이 흘러넘치게 되기 때문이다. 담론 구조는 개방되어 있으며 고정된 중심이 부재한다. 이 때문에 특정한 담론 체계 내에는 의미 과정을 벗어나는 힘들이 언제나 존재한다. 구체적 담론 내에는 언제나 의미와 정체성의 부분적 고정화(partial fixation)를 위협하는, 특정한 방식으로 고정되지 않은 요소들이 존재한다. 이러한 요소들이 있기 때문에, 기존의 의미와 정체성이 탈구(dislocation)될 때 담론 체계는 흔들린다. 탈구된 의미와 정체성이 어떻게 재접합될 수 있는지는 오직 헤게모니 투쟁에 달려 있다. 그러므로 접합적 실천이란 곧 정치적 실천이다.

이처럼 라클라우 사상의 담론 개념은 존재론적 차원에서 고찰하면 더욱 잘 이해할 수 있다. 라클라우가 담론환원주의라는 비판에 직면하면서도 담론 개념을 엄격하게 존재론적 차원에서 접근하는 이유는 결국 담론적 차원의 정치적 성격을 강조하기 위해서다. 라클라우에게 담론적 차원은 의미를 부분적으로 고정하려 하는 다양한 접합적 실천이 경합하는 장이다. 이러한 실천 중 어떤 실천이 헤게모니를 획득할 수 있는지 사전에 가려낼 수 있는 최종 법칙은 존재하지 않는다. 그것은 역사적이고 사회적인 맥락에 따라 달라질 수밖에 없다. 라클라우는 이러한 관점을 바탕으로 정치에 대한 일체의 본질주의적 사고에서 벗어나 정치적 실천의 가능성을 확장하려 한다. 이 점은 라클라우의 담론 개념을 헤게모니와 포퓰리즘 같은 다른 핵심 개념과 연결해 이해했을 때 더욱 명확히 드러난다.

담론 이론: 담론 분석의 방법론

다만 라클라우의 담론 개념은 존재론적 차원을 과도하게 강조하기 때문에 실제 정치 현상을 경험적으로 분석하는 데 직접적으로 적용하기 어렵다는 한계가 있다. 이에 대한 문제의식하에서 데이비드 하워스(David Howarth), 알레타 노발(Aletta Norval), 제이슨 글리노스(Jason Glynos), 제이콥 토핑(Jacob Torfing)과 같은 라클라우의 후학들은 라클라우의 존재론을 바탕으로 하는, 경험 연구에 적용할 수 있는 방법론인 담론 이론(discourse theory)을 발전시키기도 했다(Howarth, 2000; Howarth & Stavrakakis, 2000;

Torfing, 1999). 담론 이론은 현대 사회의 정치 현상을 분석하는 이론적 관점이자 분석적 도구로 다양하게 활용되고 있다.

참고문헌

Howarth, D.(2000). *Discourse.* Open University Press.

Howarth, D. & Stavrakakis, Y.(2000). Introducing Discourse Theory and Political Analysis. In Howarth, D., Norval, A. J., & Stavrakakis , Y.(Eds). *Discourse Theory and Political Analysis: Identities, Hegemonies, and Social Change*, pp. 1-23. Manchester University Press.

Laclau, E. & Mouffe, C.(1987). Post-Marxism without Apologies. *New Left Review*, 166.

Torfing, Jacob.(1999). *New Theories of Discourse: Laclau, Mouffe and Žižek.* Blackwell.

03
정치의 우위성

라클라우는 '사회의 불가능성'이라는 테제를 토대로 삼아 불가능성이라는 조건에도 불구하고 다양한 세력들과 정체성들이 불완전하게나마 사회와 질서, 제도를 설립하는 순간을 '정치적인 것'으로 개념화한다. 이때 정치적인 것은 비정치적인 것처럼 보이는 사회적인 것 전반에도 잠재해 있다. 따라서 정치적인 것은 사회·경제·문화 등의 심급들보다 우월한 또 하나의 심급에 불과한 것이 아니라, 사회적인 것이 설립되는 순간과 관련된 존재론적인 개념이다.

사회의 불가능성과 정치적인 것에 의한 사회의 설립

라클라우와 무페는 줄곧 "사회의 구조화에서 이러한 정치적 계기를 특권화하는 것이 우리 연구 방식의 핵심적인 지점"(라클라우·무페, 2012: 15)이라고 말하며 '정치의 우위성(primacy of politics)' 테제를 명시적으로 제시해 왔다. 이때 정치의 우위성 테제는 단순히 사회, 경제, 문화, 이데올로기와 같은 심급들 가운데에서 정치가 지배적이고 우월한 심급이라는 주장이 아니다. 라클라우와 무페에게 정치(politics), 더 정확히는 '정치적인 것(the political)'은 사회를 설립하는 순간을 뜻하는 존재론적 개념이다.

정치의 우위성은 라클라우와 무페가 재구성한 헤게모니 개념 그리고 '사회의 불가능성'이라는 개념과 밀접하게 연관된다. 우선 헤게모니 개념과 정치의 우위성의 관계를 살펴보자. 잘 알려져 있듯 라클라우와 무페는 전통적 마르크스주의의 구조결정론적 경제환원주의와 계급본질주의를 극복하려 했다. 특히 계급본질주의는 기존 마르크스주의 정치 이론으로 하여금 정치를 계급이라는 "공통의 근본적인 본질의 표현"(라클라우·무페, 2012: 130)으로 오해하게 했다. 그러나 라클라우와 무페가 보기에 이제 정치는 더 이상 실정적으로 구분된 계급 행위자들의 각축으로만 읽어 낼 수 없는 것이 되었다. "산업사회에서 나타나는 매우 상이한 파열 지점들의 증식, 사회적 정체성의 불안정한 성격으로 말미암아 적대의 경계선들이 흐려졌"(라클라우·무페, 2012: 293)기 때문이다. 이제 계급 외에도 인종, 젠더, 생태 등을 중심으로 다양한 전선이 교차하는 진지전(war of position)이 정치의 핵심 양상이 되었다. 이렇듯 라클라우와 무페는 사회적 관계와 정체성의 '결정 불가능한 성격'과 급진적 우연성 그리고 적대의 역할을 강조하면서 다양한 정체성과 투쟁의 전장을 가로지르며 진지전을 접합하고 구성해 내는 정치에 중심적 역할을 부여했다.

이러한 맥락에서 라클라우와 무페는 여전히 계급 중심주의적인 레닌과 그람시 등의 헤게모니 개념을 비판하고 재구성한다. 라클라우와 무페는 헤게모니란 "특수한 사회 세력이 근본적으로는 자신과 통약 불가능한 총체성의 대표를 자임하는 것"(라클라우·무페, 2012: 12)이라고 정의한다. 이 특수한 사회 세력은 노동 계급일 수도, 민족주의 세력일 수도, 어쩌면 퀴어·페미니스트 세력일 수도 있다. 이 세력들은 사회의 일부분에 지나지 않음에도 사회 전체와 다양한 주체들을 총체적으로 대표하겠다고 나섬으로써 헤게모니를 얻으려 한다. "정치 공동체가 도달할 수 있는 형식은 바로 이와 같은 헤게모니적 보편성의 형식뿐"

(라클라우·무페, 2012: 12)이며, 이와 같이 다양한 정치적 프로젝트들 중 특수한 무언가가 헤게모니를 획득하게 되는 형식에는 그 어떠한 법칙도 존재하지 않고 우연적 접합만이 있을 뿐이다. 헤게모니를 구성하는 요소들은 내적 법칙에 의해 결합되는 것이 아니라 외적이거나 접합적인 실천의 결과로서만 융합된다(라클라우·무페, 2012: 15).

이렇게 라클라우와 무페의 이론적 체계의 중심에 헤게모니와 우연적 접합이 자리하면서 정치의 우위성이 자연스럽게 부각된다. "민주주의적 헤게모니 개념에서는 사회적 행위자들이 처한 관계들의 구조적 다양성이 인정되고, 대표의 원리가 접합의 원리로 바뀐다. 이 행위자들 사이의 통일성은 이제 어떤 공통의 근본적인 본질의 표현이 아니라 정치적 구성과 투쟁의 결과가 된다."(라클라우·무페, 2012: 130)

따라서 정치는 다른 심급들에 대한 '비교 우위'를 넘어 존재론적 위상을 띠게 된다. "사회관계들을 창조하고 재생산하며 변형하는 실천으로서 정치는 사회적인 것의 특정한 수준에 위치할 수 없다.… 이는 정치적인 것의 문제가 사회적인 것의 설립이라는 문제, 즉 적대들이 교차하는 영역 안에서 사회관계들에 대한 정의와 접합의 문제이기 때문이다."(라클라우·무페, 2012: 265) 라클라우와 무페는 정치적인 것을 토대에 대응하거나 그에 종속되는 상부 구조가 아니라 사회적인 것의 존재론이라는 위상을 띠는 것으로 본다.

사회의 불가능성 개념과 정치의 우위성 테제 사이의 관계는 어떨까? ≪헤게모니와 사회주의 전략≫에서 라클라우와 무페가 사회의 불가능성에 대해 말하는 것은 그들이 담론을 사회적인 것을 구성하는 일차적 지형으로 보기 때문이다. 라클라우와 무페는 소쉬르의 구조주의 언어학의 영향을 받아 담론과 언어가 기표와 기의 사이의 필연적이고 실정적인 관계에 따라 의미를 생산하는 것이 아니라 차이의 체계에 따라 부정적인 방식으로만 의미를 생산할 수 있다고 본다. 담론, 언어, 의미, 더 나아가 정체성과 사회적인 것은 언제나 관계적이며 불완전하다. 따라서 라클라우와 무페는 물리적 실체로서 사회라는 전제와, 사회적인 것에 기저의 원리가 있다는 전제 모두를 거부한다(라클라우·무페, 2012: 200). 우리가 쉽게 떠올리고는 하는 '완전히 총체적인', '객관적으로 존재하는' 사회라는 것은 존재할 수 없다는 뜻이다.

그러나 라클라우와 무페가 사회의 존재 자체를 부정하는 것은 아니다. 사회는 언제나 존재한다. 단, "불가능한 대상인 사회를 제도화하려는 헛된 시도로서만"(Laclau,

1990: 92) 존재할 뿐이다. 다양한 주체·세력들은 총체적인 사회의 구성, 즉 완전한 봉합(suture)이 궁극적으로 불가능하다고 하더라도 결절점의 설립을 통해 사회를 상대적으로 고정시키려 하며, 이로써 불완전하게나마 사회를 설립해 낸다. 이러한 맥락에서 라클라우는 고전적인 구조주의적 용어이자 총체적 사회 구성의 가능성을 암시하는 '사회(society)' 대신에 궁극적 구성·봉합의 불가능성을 내포하는 '사회적인 것(the social)'이라는 용어를 더 선호한다고 말하기도 한다(Laclau, 1990: 160).

정치와 정치적인 것 사이의 구분

그렇다면 사회적인 것과 정치·정치적인 것의 관계는 어떠할까? 라클라우는 후설의 침전(sedimentation)과 재활성화(reactivation) 개념을 가져와 그 관계를 설명한다. 후설에게 침전이란 기원의 일상화와 망각을 의미한다. 정치적인 것에 의한 설립(establishment)의 순간도 점차 잊히기 마련이다. 가능했던 대안의 체계는 사라지고, 설립될 당시에 충만했던 우연성의 흔적도 희미해진다(Marchart, 2007: 139). 그러나 기존의 사회적인 것과 제도가 더 이상 존속 불가능해질 때, 즉 탈구의 계기가 불거질 때 정치적인 것은 재활성화한다.

이러한 맥락에서 정치적인 것이란 불가능성이라는 조건 위에서 사회적인 것이 설립되는 순간이자, 설립되어 침전되어 온 모든 제도의 우연적 성격이 다시 활성화되는 존재론적인 순간이다(Laclau, 1990: 146). 반면 정치란 정치적인 것이 활성화된 역사적인 순간에 존재적인 층위에서 이루어지는 각각의 정치적 설립 행위를 뜻하는 개념이다. 이를테면 민주주의 사회는 봉건주의에 대항한 부르주아 민주주의 혁명으로 설립되었다. 이를 라클라우식으로 설명한다면, 침전되어 온 봉건주의의 제도와 질서가 유지력을 잃은 순간에 정치적인 것이 재활성화되었고, 이때 발생한 부르주아 민주주의 혁명이라는 정치 실천에 의해 민주주의 사회라는 새로운 제도와 질서가 재구성·설립되었다.

정치적인 것에 의한 설립과 사회적인 것으로서의 침전 그리고 재활성화의 계기들은 민주주의 사회의 설립과 같은 명백히 정치적인 사건들뿐 아니라 적대를 수반하지 않는 것처럼 보이는 우체국 시스템, 영화관·콘서트장에 놀러 가는 상황 등 일상의 모든 문제에도 존재한다(Marchart, 2007: 148). 이를테면 우체국의 일상적인 작동은 비정치적인 것처럼 보이지만, 침전되어 온 우체국의 제도와 질서가 더 이상 유지되기 어려운 순간이 오면 정치적인 것은 재활성화될 수 있다. 이때 발생할 우체국 노동조합의 쟁의 행위와 같은 정치적인 실천이 새로운 질서를 설립하게 될 것이다. 이처럼 정치적인 것은 단지 '정치적으로 보이는' 것을 넘어 사회적인 것 모두를 정초하는 존재론적 차원이라고 할 수 있다.

라클라우와 무페의 '정치의 우위성' 테제는 때때로 담론 외적인 자본주의 경제의 구조와 메커니즘에 대한 이해를 우회하게 한다고 비판받기도 했다. 그러나 계급을 넘어서는 '다양한 정체성의 폭발'이 사회 구성의 기본적 조건이 된 오늘날, 정치의 우위성 테제는 헤게모니 획득을 둘러싸고 벌어지는 우연적 접합과 투쟁을 읽어 낼 존재론적·이론적 자원이라는 점에서 조금 더 진지하게 논의될 필요성이 있다.

참고문헌

에르네르토 라클라우·샹탈 무페 지음, 이승원 옮김(2012). ≪헤게모니와 사회주의 전략: 급진 민주주의 정치를 향하여≫. 후마니타스.

Laclau, E.(1990). *New Reflections of the Revolution of Our Time.* Verso.

Laclau, E. & Mouffe, C.(1985). *Hegemony and Socialist Strategy: Toward Radical Democracy.* Verso.

Marchart, O.(2007). *The Political and the Impossibility of Society: Ernesto Laclau, in Post-Foundational Political Thought,* pp. 134-153. Edinburgh University Press.

04

헤게모니

≪헤게모니와 사회주의 전략≫에서 라클라우와 무페는 마르크스주의의 토대-상부 구조 모델을 탈구축해 헤게모니 개념의 새로운 이론적 지평을 제시하려 한다. 이후 라클라우 사상에서 헤게모니 개념은 마르크스주의적 패러다임을 넘어 정치적 접합 일반의 논리를 설명하기 위한 개념으로 확장된다.

제2인터내셔널 시기의 헤게모니 개념

헤게모니(hegemony)는 일반적으로 주도권 혹은 패권과 같은 의미로 여겨지며, 특정 집단이나 문화의 지배적 위치를 설명하기 위한 용어로 쓰인다. 19세기 후반 이후 마르크스주의자들이 헤게모니 개념에 정치적·전략적 의미를 부여하면서 이 개념은 사회주의 정치에서 노동자 계급의 역할과 정치적·이론적 지도력을 의미하는 개념으로 활용되었다. 라클라우의 헤게모니 개념 역시 이러한 함의에서 출발한다. 다만 라클라우는 헤게모니 개념을 계급 지배나 지도력이라는 관점에 한정해 이해하기보다는 마르크스주의의 위기라는 역사적 정세에서 마르크스주의가 직면한 여러 이론적·정치적 문제에 대응하기 위한 실천의 차원에서 이해한다.

헤게모니 개념은 마르크스주의의 역사에서 '필연성의 논리'에 대항해 '우연성의 논리'에 주목하려 하는 여러 시도들과 함께 발전했다. 헤게모니 개념은 제2인터내셔널 시기 마르크스주의적인 역사적 필연성 개념이 부딪힌 한계에 대한 대응으로 고안되었다. 이 시기 마르크스주의 논쟁은 크게 두 가지 쟁점을 중심으로 이루어졌다. 하나는 자본주의가 점차 조직화하고 복잡해지면서 '사회적인 것'의 불투명성이 증가했다는 것이다. 다른 하나는 고전 마르크스주의 패러다임에 따르면 통일되어 있어야 했을 사회적 행위자들이 파편화되었다는 것이다. 이 때문에 일원론적으로 여겨졌던 마르크스주의 담론의 통일성이 붕괴하기 시작한다. 이후 마르크스주의의 쟁점은 이러한 담론의 불연속을 사고하고, 이와 동시에 분산되고 이질적인 요소들의 통일성을 재구성하는 형식을 발견해 내는 것이 된다.

그러나 제2인터내셔널 시기의 이른바 '수정주의 논쟁'은 필연성의 논리에서 완전히 벗어나지 못했다. 정통 마르크스주의(orthodox marxism)는 새로운 단계의 자본주의의 특징인 사회적 행위자의 파편화·분화를 토대 수준에서의 변화를 통해 극복할 수 있다고 보았다. 반면 에두아르트 베른슈타인은 그러한 극복이 자율적인 정치적 개입을 통해 성취될 수 있다고 보았다. 그러나 노동 계급의 통일성이 정치적 수준에서 자율적으로 구축된다면, 그 통일성이 과연 '계급' 통일성인지 하는 문제가 여전히 남았다. 베른슈타인은 불가피한 역사 과정의 필연적 주체를 전제하면서 이 문제를 우회하려 했다. 결국 정치적 개입의 우연성은 애초에 필연적 법칙의 효과를 제한하는 한에서만 기능할 뿐이며, 필연성의 논리의 잔여로서만 존재할 수밖에 없었다. 라클라우가 보기에 이러한 방식으로는 정치적 접합 과정에서 드러나는 고유의 논리를 설명할 수 없었다.

레닌주의의 헤게모니 개념

러시아혁명 시기에는 헤게모니 개념이 과업의 계급적 본성과 실제로 그것을 수행하는 역사적 행위자 사이의 간극을 사고하기 위해 고안되었다. 이 간극 때문에 다양한 비결정성의 공간이 창출되었다. 이 시기 러시아 사회민주당에 존재했던 여러 입장들은 이 공간을 다양한 혁명적 지향점이 분화하는 핵심 지점으로 파악했다. 말하자면 이 간극은 노동 계급의 전진을 허용하는 긍정적 조건으로 이해되었다. 헤게모니는 노동 계급과 이들이 주어진 계기에 떠맡아야 했던 이질적 과업 사이의 관계를 일컫는 개념으로 활용되었다.

제국주의 시대에 헤게모니 개념은 레닌주의와 더불어 계급투쟁이 발생하는 우연적이고 구체적인 상황들에 필요한 새로운 정치적 계산의 근본 원리가 된다. 레닌주의에서 헤게모니는 계급 동맹 내에서의 정치적 지도력을 의미한다. 이는 헤게모니적 연결이 이루어지는 지형이 사회적 행위자가 구성되는 지형과 다른 차원에서 이해되었다는 것을 뜻한다. 혁명적 정당성은 더 이상 노동 계급에만 배타적으로 귀속되지 않는다. 노동 계급은 계급 동맹 내에서 정치적 지도력을 발휘해 정치적 주체를 구성해 내야 한다. 이는 레닌주의가 적대들과 단절 지점들의 다원성이 지니는 정치적 유효성을 인정하면서 대중 투쟁의 민주적 차원을 활성화했음을 뜻한다.

그러나 이러한 가능성에도 불구하고 레닌주의에서는 그 어느 때보다 더 전위적이고 반민주적인 사회주의적 정치가 옹호되기도 했다. 이러한 역설이 발생하는 이유는 헤게모니의 레닌주의적 개념화 작업에서 마르크스주의가 노동 계급에 부여한 존재론적 특권이 사회적 토대에서 대중운동의 정치적 지도력으로 그대로 이전되었기 때문이다. 대중은 지도 부문과 피지도 부문으로 명백히 분리된다고 여겨진다. 노동 계급은 존재론적 중심성과 인식론적 특권을 지니며, 역사의 근원적 운동을 알고 있고 대중을 전체로 통일하는 요구가 잠정적 성격을 띤다는 것을 알고 있다. 이렇게 헤게모니가 엄격하게 계급주의적으로 개념화되면서, 대중 운동의 민주적 잠재력이 확대될수록 정치의 권위주의적 실천이 더욱 조장되는 역설이 일어난다.

그람시의 헤게모니 개념

헤게모니 개념은 그람시에 이르러 '계급 동맹' 차원과 전술적·전략적 용법을 넘어선다. 그람시가 헤게모니 개념을 처음 사용한 것은 ≪남부 문제에 대하여(Some Aspects of the Southern Question)≫(1926)에서였다. 그람시는 레닌주의에서와 같이 프롤레타리아 계급이 다양한 계급들의 동맹 체계를 창출할 수 있는 한 지도적이고 지배적인 계급이 될 수 있다고 보았다. 그러나 그람시는 '정치적' 차원을 넘어서 '지적이고 도덕적인' 차원에서 헤게모니를 개념화하려 했다. 도덕적이고 지적인 지도력은 '관념'과 '가치' 전체가 수많은 부문 구성원들에게 공유되는 것을 요한다. 그람시에 따르면 지적이고 도덕적인 지도력은 좀 더 수준 높은 종합, 즉 집합 의지(collective will)를 구성하는 것이다.

그람시에게 정치적 주체는 엄밀하게 말해 계급이 아니라 복합적인 집합 의지다. 마찬가지로 헤게모니 계급에 의해 접합된 이데올로기적 요소들도 필연적인 계급 속성을 지니지 않는다. 집합 의지는 분산되고 파편화된 역사적 세력들을 정치-이데올로기적으로 접합한 결과다. 집합 의지는 그 어떤 필연적인 계급 속성도 띠지 않는 요소들의 접합을 통해 형성된다. 이로써 '정치적 접합'은 그 이름을 얻고,

이론적으로 사유되면서 사회적 행위자의 정체성 구성을 설명하기 위한 형식으로 여겨지기 시작했다.

그러나 그람시의 헤게모니 개념에는 고전적 마르크스주의의 이원론을 넘어서지 못하는 한계가 존재했다. 그람시는 다양한 사회적 요소들이 관계적 정체성을 띠지만, 모든 헤게모니 구성체에는 항상 어떤 단일한 통일 원칙이 존재하며 그것은 근본적으로 오직 계급일 수밖에 없다고 보았다. 이 때문에 계급 헤게모니는 전적으로 투쟁의 실천적 결과가 아니라 그 궁극적인 존재론적 토대를 여전히 경제에 두게 된다. 그람시 사상에 잔존해 있는, 헤게모니가 근본적으로 경제적 계급과 상응해야 한다는 주장은 우연성의 논리를 제한하는 마르크스주의 본질주의 패러다임의 핵심이다. 경제 영역은 헤게모니적 재구성을 위한 사회의 잠재력에 한계를 부여하며, 경제적 공간의 구성 논리 자체는 헤게모니적이지 않은 것으로 여겨진다. 여기서 경제를 필연 법칙에 의해 통일된 동질적 공간으로 보는 자연주의적 편견이 출현한다.

라클라우의 헤게모니 개념

헤게모니 개념은 접합적이고 재구성적인 새로운 마르크스주의 논리의 출현과 확장으로 이해될 수 있다. 그러나 노동계급이 계급 동맹에서 정치적 지도자로 간주되든(레닌), 역사적 블록의 접합적 핵으로 간주되든(그람시), 그 근본적인 정체성이 헤게모니적 실천이 작용하는 영역과 다른 영역에서 구성된다면 사회주의 정치의 전략적·헤게모니적 개념화는 한계에 부딪히게 된다. 경제주의 패러다임의 유효성이 특정 심급에서 유지되는 한 필연성과 우연성의 이분법을 벗어나는 것은 불가능하며, 헤게모니적 접합은 단지 필연성의 논리가 적용되지 않는 우연적인 것으로만 파악될 뿐이다. 경제주의와 환원주의를 극복하기 위해 투쟁했던 여러 마르크스주의 경향들조차 여전히 모든 것의 토대로서의 경제라는 본질주의적 개념화를 유지해 왔으며, 경제주의적 경향과 반경제주의적 경향 사이의 논쟁은 역사 과정에서 상부 구조의 역할이라는 이차적 문제에 머물렀다.

≪헤게모니와 사회주의 전략≫에서 라클라우와 무페는 마르크스주의의 토대-상부 구조 모델을 탈구축해 헤게모니 개념의 새로운 이론적 지평을 제시하려 한다. 이후 라

클라우 사상에서 헤게모니 개념은 마르크스주의적 패러다임을 넘어 정치적 접합 일반의 논리를 설명하기 위한 개념으로 확장된다. 후기 사상으로 갈수록 헤게모니 개념은 특수한 요구들(demands)이 보편적인 요구들과 맺는 관계를 사고하기 위한 개념으로 활용된다. 마르크스주의에서 사회의 부분적 계급(노동자 계급)의 해방은 곧 전체 사회의 해방을 의미했으며, 둘 사이의 관계는 이론적·정치적으로 보증되었다. 그러나 라클라우 사상에서는 이러한 보증 없이 어떻게 부분적 해방의 요구들이 보편적 해방들(emancipations)의 요구들로 만들어지면서 정치적 주체를 구성하는지가 다루어진다.

라클라우의 후기 사상에서 헤게모니 개념은 비어 있는 기표(empty signifier)가 수행하는 기능과 좀 더 밀접히 연결된다. ≪포퓰리즘 이성에 대하여(On Populist Reason)≫에서 헤게모니는 "하나의 차이가 그것과 통약 불가능한 총체성을 재현할 수 있다고 가정하는" 과정으로 묘사된다(Laclau, 2005). 여기서 비어 있는 기표는 특수성이 불가능한 대상인 보편성을 재현하는 과정에서 헤게모니적 정체성을 유지할 수 있도록 하는 결절점의 기능을 한다.

라클라우의 후기 사상으로 갈수록 헤게모니 개념은 포퓰리즘 개념과 유사해진다. 이와 함께 마르크스주의적 패러다임 내에서 헤게모니를 설명하려는 경향은 약화한다. 이 차이는 라클라우 사상에 단절점이 있다기보다 시대에 따라 사상의 강조점이 변화했기 때문인 것으로 보인다(Howarth, 2014). 1980년대 ≪헤게모니와 사회주의 전략≫에서는 주로 기존 마르크스주의의 패러다임을 해체하는 데 중점을 두었다면, 후기 사상에서는 마르크스주의적 패러다임을 더욱 일반적인 정치철학적 접근을 통해 재구축하는 과정에 중점을 두었다고 할 수 있다. 요컨대 라클라우는 후기 사상에서 자신의 포스트-마르크스주의적 기획을 민주주의 혁명 이후 정치적 근대성이라는 조건 위에서 재구축하려 한다.

참고문헌

에르네르토 라클라우·샹탈 무페 지음, 이승원 옮김(2012). ≪헤게모니와 사회주의 전략: 급진 민주주의 정치를 향하여≫. 후마니타스.

Howarth, D.(2014). Discourse, Hegemony and Populism: Ernesto Laclau's Political Theory. In Howarth, D.(Ed). *Ernesto Laclau: Post-Marxism, Populism and Critique*. Routledge.

Laclau, E.(2005). *On Populist Reason*. Verso.

05
포퓰리즘

포퓰리즘의 최소 단위는 '요구'다. 이질적 요구들은 그것들을 큰 규모로 결집하는 헤게모니적 기표를 매개로 등가적 관계로 연결되고 접합되어 사회적 주체성을 형성한다. 등가 사슬을 엮는 기표는 하나의 특수성이 보편성을 표상한다는 점에서 남유적이다. 즉 라클라우에게 포퓰리즘이란 어떤 집단이 담론을 경유해 만들어지는 방식이다.

미끄러지는 포퓰리즘 정의

포퓰리즘(populism)을 정의하려는 시도는 많았지만 만족스러운 것은 없었다. 정치 세력이나 언론이 경쟁 진영에게 '포퓰리즘'이라는 딱지를 비방의 의도로 또 정확한 의미 없이 마구잡이로 붙이는 행태는 차치한다 하더라도, 학술적으로도 포퓰리즘의 내용에 대한 규명은 여전히 모호한 수준에 머물러 있다.

포퓰리즘을 정의하려는 시도는 항상 교착 상태에 빠진다. 어떻게 정의하든 그 정의를 거스르는 예외가 항상 있기 때문이다. 마거릿 캐노번(Margaret Canovan)은 포퓰리즘 개념의 다양성을 극복하기보다 일단 그에 머무르면서, 포퓰리즘의 다양한 유형을 나열하고 그로부터 '가족적 유사성'을 도출하려 했다. 캐노번이 포착한 포퓰리즘의 여러 유형들로는 '근대화에 맞선 소작농 사회주의', '산업자본과 금융자본의 위협을 받는 시골마을 주민들의 이데올로기', '사회 변화에 맞서 전통적 가치를 관철하려는 목가적 운동', '소수 엘리트에 의해 다수 인민 대중의 의견이 무시된다는 믿음', '보통 사람의 덕을 강조하는 운동과 신념' 등이 있다. 캐노번은 이들에서 추출할 수 있는 가족적 유사성으로 금권정치 정치인과 엘리트에 대항하는 풀뿌리 운동을 이야기하면서, 포퓰리즘에 두 가지 보편적 특징이 있다고 지적한다. 인민에 대한 호소 그리고 반엘리트주의다. 캐노번은 이 두 특징이 그 어떠한 사회적·정치적 내용에 고정적으로 귀속되지 않는다고 말한다. 그러나 이러한 미결정성을 더 적극적으로 논의하지는 않는다.

포퓰리즘 개념은 그 미결정성을 이론적으로 해소하지 않은 채 거기에 많은 정의를 포함하려 할수록 이상해진다. 포퓰리스트를 자처하거나 그렇게 불리는 정치인들의 공통적 특징을 도출하자는 제안도 있다. 예컨대 피터 와일스(Peter Wiles)는 포퓰리스트의 스타일을 스물네 가지 특징(도덕주의적, 반지성적, 비체계적, 충동적, 인종주의적 등)으로 정리했는데(태거트, 2017: 40) 이것들 중 '몇 가지' 특징을 띠어야 포퓰리스트인지 알 수 없다. 이와 비슷하게, 포퓰리스트들이 대체로 화가 나 있고 과격하고 무례하다는 데 천착해 포퓰리즘이 절망·분노·공포·원한 등의 부정적 감정에서 비롯되는 것이자 이 감정들을 자극하는 선동이라고 파악하는 시각도 있다. 이러한 시각은 포퓰리즘 지지를 감정적이고 수동적인 것으로 축소할 위험이 있고 '대중은 너무 감정적'이라는 엘리트주의적 시각을 답습한다(뮐러, 2017: 29).

라클라우는 포퓰리즘에 대한 정의가 반복적으로 실패

하는 데서 어떤 편견을 감지한다(Laclau, 2005). 바로 수사(rhetoric)에 대한 폄하적 시선이다. 예컨대 케네스 미노그(Kenneth Minogue)는 한 운동에서 표현되는 '수사'와 '이데올로기'를 엄격히 구분하고 전자가 더 낮은 수준에 있다고 간주한다. 미노그에 따르면 운동이 표현하는 것이 수사에 머무르면 지적으로 비어 있는 것이며, 따라서 포퓰리즘이다. 이러한 관점은 수사가 꾸밈 언어일 뿐이며, 내용에는 영향을 전혀 미치지 않는다고 파악한다. 수사에 대한 편견은 포퓰리즘적 상징을 중심으로 결집한 사람들은 비합리적 동기로 움직이며 동원된 세력이라고 보는 그릇된 이해의 원인이 된다.

라클라우는 수사의 기능을 폄하하지 않고, 오히려 수사가 이데올로기의 구조를 이룰 수 있다고 본다. 수사와 이데올로기를 구별할 이유가 없으며, 마찬가지로 이데올로기와 운동을 구별하는 것도 무의미하다. 라클라우는 포퓰리즘을 결여의 측면(반지성주의, 이데올로기적 공허함 등)을 중심으로 논의하는 대신 일반화된 수사(나중에 이것은 '헤게모니' 개념으로 재정의된다)의 측면에서 살펴본다. 포퓰리즘을 비합리적이고 지적으로 빈곤한 운동 혹은 이념으로 파악하는 데서 벗어나려 다른 접근법을 도모한 것이다.

포퓰리즘을 비합리적인 것으로 파악해 버리면 '포퓰리

즘은 어떠한 사회적 현실이나 상황의 표현인가'라는 질문만 제기되고, 이로써 포퓰리즘은 부수 현상에 불과한 것이 되어 버린다. 포퓰리즘으로 '표현'되는 사회적 내용만 논의 대상으로 남고 왜 그것이 포퓰리즘으로서만 표현되어야 하는지에 관한 질문은 사라진다. 이렇게 되면 포퓰리즘을 변칙적 사회 현상에 귀속시키거나 서로 다른 여러 운동을 포퓰리즘에 구겨 넣을 수밖에 없게 된다.

기호 작용으로서의 포퓰리즘

라클라우는 이러한 교착 상태에서 벗어나기 위해 포퓰리즘의 특징이라 일컬어지는 '모호함'을 액면 그대로 받아들이자고 제안한다. 모호함을 성숙한 정치적 논리보다 낮은 단계에 있는 것으로 보지 말자는 것이다. 포퓰리즘의 모호함은 사회 현실 자체가 모호하고 미결정적이라는 데서 기인한다. 라클라우는 포퓰리즘을 '단순화된' 정치나 '수사에 불과한' 것으로 폄하하는 논의들을 거부하고 사회과학 담론의 주변부로부터 구제한다. 모호성과 미결정성을 주어진 전제로 두고 수사가 구조적 응집의 매개라는 데서 출발함으로써, 포퓰리즘이 정치적인 것의 구성을 파악하는 첩경이라는 명제를 도출한다.

라클라우는 포퓰리즘에 이론적으로 접근하면서 세 가지 범주를 제시한다. 첫째, '담론'이다. 라클라우가 말하는 담론은 단지 발화나 쓰인 것이 아니라 관계로서 구성되는 체계다. 소쉬르의 기호학으로부터 '언어에는 실정적인 것은 없고 차이만 있다'는 명제를 가져와, 기호 작용에는 조합과 대체만 있으며 차이의 놀이를 넘어서는 것은 없다고 전제한다. 어떤 요소가 다른 것에 비해 특권을 가질 이유는 정해져 있지 않고 오직 차이를 통해서만 설명될 수 있다.

두 번째 범주인 '비어 있는 기표'와 '헤게모니'가 여기서 역할을 한다. 기호 작용이 가능하려면 차이들의 연쇄를 잠시나마 고정하는 결절점이 필요하며, 어떤 것이 아닌 것 즉 그것의 한계를 표상하는 방식으로써만 대상이 포착될 수 있다. 경계 안과 밖에 있는 것들은 모두 등가적인데, 그것들 중 하나가 재현 불가능한 (그러나 반드시 필요한) 총체성의 표상이 된다. 이 하나는 특수성이 옅어지고 점차 보편적인 것의 표상이 되면서 비어 있는 기표가 된다. 비어 있는 기표가 보편적 기호 작용을 하는 메커니즘을 '헤게모니'라고 한다.

셋째, '수사'다. 키케로는 무언가를 명명해야 하는데 그에 필요한 언어가 충분치 않은 상황이 부족한 경험 탓에 일어난다고 파악했다. 하지만 라클라우에 따르면 여기서 문제는 경험의 많고 적음이 아니다. 언어의 기능은 본질적으로 이름 붙일 수 없는 것을 명명하는 것이다. 이러한 점에서 수사의 근간은 남유(catachresis)라고 할 수 있다. 남유는 '의자 다리'처럼 어떤 것을 특정적으로 가리킬 마땅한 단어가 없어 비유적으로 쓰인 말이 바로 그것을 가리키는 말이 되는 작용이다. 표상이 불가능하지만 반드시 표상되어야 하는 대상을 명명해야 할 때 비어 있는 기표가 부상하는 메커니즘들에서 공통적으로 남유가 일어난다. '인민' 역시 그것을 고정적으로 표상할 수 있는 마땅한 이름이 부재하기 때문에 일련의 비유 연쇄를 거쳐야 한다. 따라서 '인민'의 정치적 구성은 본질적으로 남유의 산물이다.

미결정적인 담론적 접합으로서의 포퓰리즘

라클라우는 이 세 범주를 제시하고서 자신의 포퓰리즘 논의에 필요한 전제들이 마련됐다고 하면서 '요구(demand)'에 대한 이야기로 넘어간다. 라클라우에 따르면 정치적 결집의 최소 단위는 요구다. 포퓰리즘을 주어져 있는 집단의 동원 형태나 이데올로기로 파악하면 교착 상태에 빠질 수밖에 없다. 라클라우는 포퓰리즘이란 '인민'이 관계로서 형성되는 것이며, 어떤 집단이 만들어지는 하나의 방식이라고 말한다. 포퓰리즘이 people+ism 즉 인민주의라고 직역된다는 점을 상기하면 라클라우가 말하는 포퓰리즘이란 인민이 형성되는 방식이라고 할 수 있다.

라클라우는 산업도시 외곽의 판자촌으로 이주한 농민들의 이야기를 예로 든다. 판자촌 인구가 늘면서 여러 문제가 발생하고 불만이 제기된다. 주민들은 위생이나 안전 문제 등에 대해 당국에 다양한 요구(demand)를 한다. 이것이 바로 관철되면 요구는 '요청(request)'에 머무른 채로 해결된다. 당국이 요구들을 무시해 불만이 지속되면 주민들은 주변 이웃들이 자신과 비슷한 문제를 겪으며 비슷한 요구(교육, 의료, 교통 등)를 갖고 있음을 알게 된다. 이러한 요구들 사이에서 등가적 관계가 맺어진다.

다수의 요구는 등가적으로 접합되어 더 넓은 사회적 주체성을 형성한다. 이것을 '인민적 요구(popular demand)'라고 부른다. 이제 역사의 행위자로서 '인민'이 만들어진다. 이로부터 라클라우는 포퓰리즘의 두 전제를 도출할 수 있다고 말한다. 하나는 인민과 권력 집단을 가르는 '내부적 적대 전선'의 형성이며, 다른 하나는 인민의 출현을 가능케 하는 '요구들의 등가적 접합'이다. 정치적 동원과 결집이 더 높은 단계로 나아갈 때 또 하나의 전제가 도출되는데, '다양한 요구들의 통일'이 그것이다. 이 단계서부터는 등가성이 단순한 연대의 느낌을 넘어서 안정적 시스템이 된다.

등가 관계의 연결 즉 '등가 사슬(chain of equivalence)'이 더 연장될수록 결집의 규모는 더 커진다. 하지만 그만큼 그 구성 요소들이 이질적이고 다양해지기 때문에 결집의 지구력은 떨어질 수 있다. 지구력을 높이기 위해 등가 사슬의 몇몇 요소에 결절점의 역할을 부여해야 한다. 앞의 예로 돌아가자면, 판자촌 주민들이 결집해 들고일어났을 때 그 표면적 동기는 매우 다양하되 그 근저에는 평등을 바라는 무의식적 반응, 자본주의에 대한 직관적 반감이 깔려 있을 수 있다. 이것은 그 자체로 내용을 갖고 있지는 않고 여러 요구들에 붙어 있다. 따라서 그 자체로 고유의 표상을 가지지 않지만 어떤 단어나 이미지 등으로 비유적으로 표현될 수는 있다. 이 단어나 이미지 등이 라클라우가 말하는 헤게모니적 기표로서 기능한다.

이로써 라클라우는 다음과 같은 명제를 도출한다. 포퓰리즘은 특정 집단의 특정한 운동이나 특정한 이데올로기가 아니라 '정치적 논리'다. 라클라우에 따르면 사회적 논리는 어떤 대상이 표상 가능하고 어떤 대상이 불가능한지

가르는 지평을 그리는 규칙 체계다. 정치적 논리는 그다음 층위, 사회적인 것의 제도화와 관련된다. 사회적인 것의 제도화란, 앞서 말한 요구들의 경합과 접합의 결과로 형성된 특정 정치적 공동체의 정체성이 제도권 정치의 수면 위로 떠오르는 것을 가리킨다. 사회적인 것의 제도화는 정해진 규칙이 없고 사회적 요구들의 다양한 등가적 접합에 따른 사회적 변화에 열려 있다. 접합의 양태에 따라 제도화된 '타자'의 배제와 전선의 구축이 발생한다. 라클라우는 이러한 기제가 작동할 때 그 운동이 어떤 이데올로기적 내용을 가지든 그것이 포퓰리즘이라고 말한다.

참고문헌

얀 베르너 뮐러 지음, 노시내 옮김(2017). ≪누가 포퓰리스트인가≫. 마티.

폴 태거트 지음, 백영민 옮김(2017). ≪포퓰리즘≫. 한울아카데미.

Laclau, E.(2005). *On Populist Reason.* Verso.

06

신화와 사회적 상상

라클라우에게 신화는 '주어진 상황을 읽는 독해 원리', 특히 '탈구로 경험되는 상황'이다. 신화는 이데올로기의 한 형태로서 특정 질서가 구조적으로 탈구되는 계기, 즉 기존 통일체나 정치 시스템으로는 길들여지거나 상징화되거나 재현되거나 통합될 수 없을 정도로 파열된 사건이 출현하면서 나타난다. 신화는 다른 신화와 경합하면서 사회적으로 인정받으며, 사회의 지적·이데올로기적 지평 전체를 설명하는 사회적 상상으로 전환된다. 신화와 사회적 상상의 기능과 효과를 이해할 때 헤게모니와 포퓰리즘 논리를 더 명확히 파악할 수 있다.

경합하는 신화

신화는 기존 방식으로는 설명할 수 없는 탈구적 계기에 대한 새로운 해석 원리로 출현하고, 경쟁적 해석 원리인 다른 신화들과 경합한다(Laclau, 1990: 61). 이 경합 과정에서 어느 신화는 사회적 상상(social imaginaries)으로 헤게모니적이면서 이데올로기적으로 전환되기도 하고, 어느 신화는 해석력이 소진되면서 사라진다. 신화는 '새로운 재현 공간'을 구성해 기존 통일체의 탈구된 공간을 봉합하려 한다.

신화에서 어느 특수한 의미가 그 신화의 내용을 완전히 채우거나 완벽하게 재현하는 것은 불가능하다. 그럼에도 신화의 어느 한 특수한 의미는 탈구적 계기를 신화적으로 해석하려 하고, 그 자체로 보편적 인식 지평에 있는 것처럼 어떤 '부재하는 충만함'을 가리킨다. 이 과정에서 특정 신화가 궁극적 인식 지평을 재현하는 것으로 사회적으로 여겨지면, 그 신화는 사회적 상상이라는 판타지 효과를 내는 이데올로기적 지평으로 자리 잡게 된다(Laclau, 1990: 61; Torfing, 1999: 149).

판타지에 대하여

우선 판타지가 어떤 효과를 내는지 살펴보자. 프로이트에 따르면 '판타지'는 상상에, 무의식적 욕망을 떠올리게 하는 장면에 의미를 부여하는 것이다. 라캉은 프로이트의 판타지 개념이 지니고 있는 '방어적 기능'을 강조하면서 판타지의 의미를 발전시킨다. 라캉은 판타지를 영화 스크린에 고정된 이미지와 비교하면서, 판타지란 그 고정되고 부동적인 특질에 의해 특징지어지며 언제나 하나의 의미화 구조(signifying structure)로 작동하는 이미지 집합으로 존재한다고 언급한다(Lacan, 1977/1997: 272; Evans, 1996: 61). 판타지는 상징 질서 안에서 주이상스(jouissance)가 상실되거나 억제되면서 발생하는, 주체가 강하게 느끼는 어떤 결핍 상태를 해결하기 위해 욕망을 발생시키는 구조다(Stavrakakis, 1999: 46). 판타지는 큰 타자(the Other)의 수수께끼 같은 욕망에 대한 주체의 반응으로서 나타난다(Lacan, 1977/1997: 313; Evans, 61). 즉 '거세'에 대한 두려움에 처한 상황에서 발생하는 주이상스의 상실이 주체의 결핍을 만들어 내며, 이 결핍은 주체가 도달하려고 시도하는 어떤 욕망을 불러일으킨다. 또한 판타지는 실재계를 완전하게 반영하지 못하는, 따라서 자기 자신의 상태를 완전하게 실현하려는 시도가 언제나 실패할 수밖에 없는 상징계가 실재계와 갈등하는 과정에서 요청된다. 이때 판타지는 상징계의 상징적 실패를 은폐하고, 애초 도달할 수 없던 실재계가 드러나지 못하도록 그 상징적 실패에서 비롯한 상징계의 틈새를 메꾸기 위해 요청된다.

라캉에게 주체의 욕망은 큰 타자의 욕망에 대한 갈망이다. 여기서 주체가 큰 타자의 욕망에 다가가는 최선의 길은 큰 타자에게 그 욕망에 대해 질문하는 것이다. 따라서 주체는 큰 타자에게 'Che vuoi?(영어로는 What do you want? 즉 당신은 무엇을 원하나요?)'라고 질문하게 된다. 그런데 이 질문의 의도는 주체가 자신의 욕망을 실현하는 데 필요한 답변을 얻으려는 것이기 때문에, 이 질문은 다시 큰 타자로부터 주체 자신에게로 되돌아온다. 따라서 '당신은 무엇을 원하나요?'가 아니라 '그가 나에게서 원하는 것이 무엇일까?'라는 질문이 실질적으로 큰 타자에 대한 질문이 된다. 주체의 결핍은 채워지는 것이 불가능하기 때문에, 큰 타자의 욕망에 대한 이 질문은 끊임없이 반복될 수밖에 없다. 판타지의 기능은 바로 이 질문을 반복하기를 멈추고 특정한 답변으로 고정하는 것이다. 결국 판타지는 '거세'의 두려움에 대한 답변이며, 주체는 항상 판타지와 자신을 동일하게 하는 과정을 통해 끊임없이 자신의 결핍을 없애려 시도한다.

정치의 영역에서 판타지는 질서의 구성적 결핍을 은폐하고, 그것이 구성되는 주변에서 기표와 기의를 연결하고 어울리게 하는 결절점[라캉의 누빔점(point de caption)에 대응]을 구성하는 기능을 수행한다. 지젝에 따르면 판타지는 '상상적 시나리오며, 주체의 구성적 결핍을 채우기 위한 하나의 실정적 지지를 제공하는 기능'을 한다(Žižek, 1989: 254). 또한 판타지는 '적대' 개념에 대한 필수적 대응(counterpart)이며, 쾌락(enjoyment)의 충만함을 통해 (예를 들어 인종차별적 쾌락) 사회 구조의 빈 공간 즉 결핍을 채우려 하는 시나리오다.

이데올로기의 근본적 수준인 판타지는 사회적 관계 속에 존재하는 착취적이고 종속적인 형태를 가리는 기능을 하는 것이 아니라 개인 또는 집단이 저 사회적 관계(인종을 포함, 성, 국적, 학벌, 재산, 정치적 입장에 따른 차별적 관계)와 자신들을 동일화하는 과정을 통해 자신들의 결핍을 채울 수 있다는 착각을 만들어 낸다. 더 나아가 판타지의 이러한 기능은 폐쇄된 사회에서 우연하고 결정 불가능한 주체의 사회-상징적 정체성을 고정할 뿐 아니라, 탈구로 인해 발생하는 새로운 동일화에 대한 요청을 철저히 부정하는 데 초점을 맞추고 있다. 판타지는 동일화 실패로 야기되는 사회적 적대의 가능성을 제거하고 현재 존재하는 정치 질서를 유지하기 위해 요청된다. 즉 판타지는 정치적 변화는 물론 이 변화를 위한 새로운 시도를 불법적이거나 무의미하거나 부정하고 위험한 것으로 차단하는 기능을 한다.

여기서 문제는 판타지가 결핍을 채우는 실질적 해결책이 아니라 절충물에 불과하다는 점, 단순히 결핍의 은폐일 뿐이며 결핍에 대한 혼란만 일으킨다는 점이다(Stavrakakis, 1999: 151). 결국 판타지가 주체에게 제공하는 것은 잘못된 동일화일 뿐이다(Žižek, 1989: 127). 그러므로 판타지는 구조와 주체에서 결핍에 의해 발생하는 모든 균열과 적대에 대한 판단을 흐리게 한다. 판타지는 상상적 시나리오를 제공함으로써, 현재 존재하는 정치 질서와 그에 의해 고정된 사회적 관계들을 영속적으로 유지하기 위한 실증적 도식을 제안한다. 이러한 판타지의 효과는 '무언가 공포스럽고 불쾌한 것을 요구하는 큰 타자의 그림'에 달려 있다. 즉 '판타지는 그러한 공포를 은폐함과 동시에 그것이 은폐하려고 하는 것, 피억압적 지점을 만들어' 내는 것이다(Žižek, 1998: 190-191; Stavrakakis, 1999: 151). 결국 판타지는 질서의 전복 가능성을 억제함으로써 우리가 '연대와 협동을 통해 조화를 이루는 유기체적 전체로서 사회에 대한 관념에 빠져들게 한다'(Žižek, 1989: 121). 또한 질서를 상징하기 위해 만들어진 큰 타자의 그림은 특정한 판타지적 도식에 합당하지 않은 사회적 요소들을 사회적 잔여 혹은 적으로 그림으로써 질서의 결핍에 대한 인식을 불가능하게 하려고 한다.

이러한 판타지가 그 효과를 극대화하고 대중을 그 안에서 통제하고 질서의 유지와 재생산이 가능하게 그것을 뒷받침하는 기본 조건은 큰 타자의 그림과 공포가 접합되면서 이루어진다. 한편으로 판타지는 현존하는 정치 질서가 그 기원의 순간에 동원했던 야만적 폭력들의 기억을 철저히 제거하고 질서의 역사를 조작해 낸다. 이와 동시에 판타지는 야만적 폭력에 대한 기억들을 동원하고 끊임없이 재생산함으로써 대중이 현존하는 질서에 저항하는 것을 무의식적으로 억제한다.

신화의 출현과 그 효과

그런데 이 판타지 효과를 지속하려는 기성 이데올로기가 탈구적 계기에 직면하고, 새 신화가 출현하고, 특정한 신화가 사회적 상상으로 전환되는 과정에는 주체 위치의 변용이 수반된다. 새롭게 등장하는 신화가 기성 질서의 판타지 효과를 만들어 내는 지배적 이데올로기의 한계를 드러내고 새로운 정치적 동일성을 구성하려 할 때, 현재의 통일체를 유지해 온 기존 판타지는 도전받는다. 현재의 판타지 공간에서 탈구의 순간에 새로운 신화가 등장하면, 통일체의 새로운 정치 시스템과 새로운 재현의 공간을 구성하기 위해 새로운 정치적 투쟁이 시작된다. 이러한 의미에서 기존의 판타지에 도전하는 신화의 출현은 주체의 위치를 새로운 정치적 동일성으로 전환할 수 있게 한다.

급진 민주주의 투쟁에서 투쟁을 주도하는 정치적 주체와 이 주체를 중심으로 형성된 등가 사슬은 점차 신화를 전유하면서 정치적으로 의미 있는 세력이 될 수 있다. 특정 신화가 새로운 통일체를 재생산하고 의미와 행동의 궁극적 지평을 제공하는 유일하고 진정한 독해 코드로서 지배적 판타지가 될 때까지, 탈구된 공간에서 출현한 다양한 신화 중 일부는 헤게모니 투쟁을 통해 사회적 상상이 되고 판타지 효과를 발산한다(Torfing, 1999: 203).

사회적 적대는 탈구적 계기에 대한 신화의 대응이 만들어 낸 효과라 할 수 있다. 라클라우에 따르면 사회적 적대란 사회의 불가능성, 즉 기성 사회를 유지하는 질서와 신뢰 관계가 더 이상 유지될 수 없는 사회 질서의 탈구에 대한 담론적 대응이다(Laclau, 1990:17 ; Torfing, 1999: 129). 이때 적대는 등가 논리에 따라 내부의 동일성을 구성하며, 이와 동시에 이 동일성을 부정하는 구성적 외부의 존재를 전제해야 한다(Laclau, 1990: 17). 적대가 형성되는 과정에서 내부 동일성을 구성하고 구성적 외부의 존재를 드러내는 서사로서 신화가 동반되며, 이것이 '우리'의 동일성 그리고 적대적 타자와의 정치 경계 구축을 위한 정치 공간을 발생시킨다.

이러한 과정에서 신화는 헤게모니 실천을 통해 사회적 상상의 위치를 차지할 수 있다. 이 과정에서 독해 원리로 제시되는 신화는 사회적 상상으로 받아들여질 때까지 다른 신화와 경합하거나 적대적 관계 속에서 헤게모니 투쟁을 벌인다. 이러한 헤게모니 투쟁 과정에서 "신화와 사회적 상상은 사회와 사회적 행위를 실정적이고 완전히 봉합된 동일성으로 구성하려는 담론의 이데올로기 형태를 의미한다"(Laclau, 1990: 60-65; Torfing, 1999: 113-131). 특히 부재하는 충만함에 대해 말하는 신화의 이야기가 보편적 언급으로 여겨지고, 이를 통해 충만함과 보편성의 부재한 상태 즉 비어 있는 장소를 채우려는 시도가 그 신화의 특수한 내용에 의해 계속해서 주도될 때, 신화는 의미와 행위의 궁극적 지평을 제공하는 사회적 상상으로 탈바꿈한다.

즉 신화는 사회적 탈구를 봉합하는 새로운 독해 원리를 제시하는데, 사회적 요구를 새로운 신화적 질서 안으로 통합하는 데 성공하면 사회적 상상으로 그 위상이 전환된다 (Howarth & Stavrakakis, 2000: 15). 정치적 차원에서 라클라우는 무페와 함께 탈구적 계기, 위기의 상황에서 '급진적이고 다원적인 민주주의'의 신화가 점차 사회적 상상으로 확장되어야 한다고 주장한다. 이것은 곧 라클라우의 등가, 헤게모니 그리고 정치 논리로서 포퓰리즘 운동의 중요한 구성 요소라고 할 수 있다.

참고문헌

Evans, D.(1996). *An Introductory Dictionary of Lacanian Psychoanalysis.* Routledge.

Howarth, D. & Stavrakakis, Y.(2000). Introducing Discourse Theory and Political Analysis. In Howarth, D., Norval, A. J., & Stavrakakis , Y.(Eds). *Discourse Theory and Political Analysis: Identities, Hegemonies, and Social Change*, pp. 1-23. Manchester University Press.

Lacan, J.(1977/1997). *Écrits: a selection.* Sheridan, A.(trans). Routledge.

Laclau, E.(1990). *New Reflections of the Revolution of Our Time.* Verso.

Stavrakakis, Y.(1999). *Lacan and the Political.* Routledge.

Torfing, Jacob.(1999). *New Theories of Discourse: Laclau, Mouffe and Žižek.* Blackwell.

Žižek, S.(1998). The Seven Veils of Fantasy. In Nobus, D.(ed). *Key Concepts of Lacanian Psychoalaysis.* Rebus Press.

Žižek, S.(1989). *The sublime object of ideology.* Verso.

07
적대와 탈구

최종적 완성이 불가능하기에 언제나 결핍되어 있고 미결정 상태에 있는 사회는 늘 탈구의 계기를 내재하고 있다. 탈구는 현실이 우연성의 산물과 다름없음이 폭로되는 계기다. 적대는 모든 대상이 탈구를 내재하고 있음이 상징화한 것 즉 대상 내부의 봉합되지 않은 부정성이 외화한 것으로, 결핍의 책임이 있다고 파악된 존재를 없애면 완전함에 도달할 수 있으리라는 판타지를 만든다.

사회의 불가능성

주체에게 완전하고 고정된 정체성이란 있을 수 없다. 의미의 고정이 불가능하기 때문이다. 의미의 체계는 언제나 열려 있다. 하나의 기호가 지닌 의미는 기호 그 자체를 통해서가 아니라 다른 기호들을 통해서 얻어진다. 이러한 점에서 의미의 체계는 '무언가가 아닌 것'을 전제한다. 따라서 의미의 체계는 경계를 함의한다. 즉 의미의 체계는 어떤 것의 배제를 함축한다. 이때 경계 바깥에 있는 것은 경계 안쪽에 있는 것에 적대적이다. 배제된 것들은 체계의 안정성을 위협한다. 의미의 체계는 부분적으로나마 안정화될 수 있지만 체계 외부 때문에 최종적으로 안정화할 수는 없다.

여기서 라클라우에게 중요한 것은 이 불가능함 자체가 아니라 불가능한 대상을 구축하려는 노력이다. 그러한 노력과 관련된 것이 (불가능한 대상으로서 '사회'와 구별되는) '사회적인 것'의 차원이다. 사회적인 것은 담론과 결절점을 통해 의미를 부분적으로 고정한다. "사회적인 것은 차이들의 무한한 놀이일 뿐 아니라 그 놀이를 제한하고 무한성을 길들이며 그것을 질서의 유한성 속으로 포괄하려는 시도이기도 하다."(라클라우, 1990: 233)

사회의 관절은 언젠가는 어긋난다

사회적인 것이 담론적으로 접합한, 대상을 구축하는 불가능한 시도로서 사회구성체는 늘 탈구(dislocation)의 계기를 내재하고 있다. 탈구는 라캉의 정신분석학에서 실재와 현실이 다르다는 점을 상기함으로써 이해할 수 있다. 라캉에게 현실은 의미와 담론의 수준에서 구성되는 것이며, "의미의 그물망과 담론 … 내에서만 의미 있는 전체로서 존재"(스타브라카키스, 2006: 142)한다. 말하자면 현실은 실재의 일부를 유의미한 것으로 길들임으로써만, 객관적인 것에 대한 상징적 재현으로써만 인식 가능하다. 그러나 객관적 현실에 대한 완전한 재현은 불가능하며, 언제나 어떤 잔여가 남아서 우리의 현실 구성을 교란한다. 이 잔여의 요소들은 결코 소멸될 수 없기에, 언제든지 현실 구성의 우연성을 폭로할 수 있다. 이것이 탈구다. 다시 말해 탈구란 "담론 구조의 우연성이 가시화하는 과정"(Howarth & Stavrakakis, 2000: 13)이다. 즉 탈구는 사회를 균열과 불협화음 없는 완전한 총체성으로 봉합하는 것이 궁극적으로 불가능하다는 것을 보여 준다. 일시적이고 관계적으로 고정되어 있던 사회적 정체성이 탈구로 인해 분열되면, 그 균열된 질서에서 끊긴 관계가 드러난다. 이때 드러난 빈칸으로 인해 새로운 질서의 구성 공간, 새로운 정치적 실천 공간이 열린다. 이러한 점에서 탈구는 트라우마적이기만 하지 않고 생산적인 측면을 지닌다. 역사적으로 당연시되도록 강요되어 왔던 정체성과 담론에 균열이 일어나고, 이 균열은 주체로 하여금 새로운 주체성을 주장하도록 한다.

탈구의 시간에는 '일시적이며 정태적인 균형 상태'가 이루어진다. 기존 질서를 부정하는 운동과 기존 질서를 반동적으로 회복하려는 운동이 경합하기 때문이다. 어느 한쪽으로 해결되지 않을 때, 말하자면 보수든 진보든 승리를 위한 능력을 결여할 때의 균형 상태를 이해하는 데에는 그람시의 카이사리즘(Caesarism) 개념이 유용하다. 카이사리즘은 "갈등하는 세력들이 파국적 방식으로 서로 균형 짓는 상황을 표현하는 것이라고 할 수 있다"(그람시, 2005: 256). 즉 카이사르와 같은 위대한 인물이 개입해 어느 한쪽의 승리를 선언하기를 기다리는 상황이다. 카이사르로 표상되는 제3세력은 중재 역할을 위임받고, 구체적인 정치적 맥락에서 그 정치적 경향이 정해진다.

탈구의 시간에서 일어나는 투쟁은 그 주체가 되는 세력의 성격이 정해져 있지 않다. "탈구 그 자체가 어떠한 사회적 적대나 그에 기반한 정치 실천으로 즉각적으로 전환되지 않는다."(이승원, 2008: 78) 탈구는 적대적이거나 타협적인 정치 실천이 시작되는 공간을 열 따름이다.

탈구의 정치적 귀결로서의 적대

적대(antagonism)란 그 어떤 객관성도 불가능하다는 것을 드러내는 경험을 의미한다. "적대는 모든 객관성의 한계들을 구성하는데, 이는 부분적이고 불안정한 객관화로서 드러난다."(라클라우·무페, 2012: 228-229) 적대는 탈구의 상징화와 다르지 않다. "사회적인 것은 '사회'가 불가능한 한에서 접합이다."(라클라우·무페, 2012: 208) 사회는 고정된 것으로 주어진 것이 아니며 의미들을 일시적이고 부분적으로 고정하는 결절점의 구축으로 구성된다. 이 때문에 필연성은 우연성을 제한하는 일련의 노력으로만 존재한다. 모든 대상은 담론적 대상이며 완전한 객관성에 도달할 수 없다. 전술한 것처럼 탈구는 사회적 정체성의 분열과 재구성이라는 이중의 메커니즘을 함축하며, 적대는 분열된 사회적 정체성을 부분적이고 불안정하나마 객관화한 결과다. "적대란 구조의 한계와 결정불가능성이 드러나는 탈구적 계기의 정치적 귀결"(이승원, 2008: 81)이다.

일단 적대는 실재적 대립도 아니고 모순도 아니다. 실재적 대립은 예컨대 두 대의 차량이 마주 보며 달리다가 충돌하는 것과 같다. 모순은 논리적인 것으로, 'A와 not A'의 관계다. 실재적 대립과 모순에는 갈등이랄 것이 없다. 두 당구공이 충돌한다고 해서 둘이 갈등한다고 하기는 어렵다는 의미에서 그렇다. 또한 "두 경우 모두에서 우리는 완전한 정체성들과 관계하고 있다"(라클라우·무페, 2012: 228). 말인즉 두 대의 차량은 둘 다 완전함을 갖고 서 있으며 서로 무관한 채 독립적으로 있다. A라는 명제도 완전하게 A이기 때문에 not A가 모순이라는 것이다. 반면 적대 관계에 있는 두 사물은 서로 관계적으로 있다.

라클라우는 칸트에게서 실재적 대립 그리고 모순과는 사뭇 다른 독특한 예를 가져온다. 스파르타인 어머니는 아들이 조국을 위해 영웅처럼 싸웠다는 소식을 들었을 때 기분이 매우 좋아진다. 그런데 곧바로 그 아들이 전사했다는 소식을 들으면서 슬픔에 잠긴다. 여기서 칸트는 기쁨의 반대가 그 자체로 실정적인 것으로, 단순히 기쁨의 부재를 야기하는 것이 아니라고 말한다. 주관적인 느낌으로서 기쁨은 정체성과 관련되며 어머니는 부분적이나마 자신과 아들을 동일시하고 있었는데, 아들이 죽으면서 어머니의 정체성이 완전하게 형성되는 것이 저해되었다. 아들의 생존이 어머니가 닿을 수 없는 완전한 정체성의 상징이라고 한다면, 아들을 죽인 적군은 어머니의 비(非)존재의 상징이라고 할 수 있다. 여기서 우리는 사회적 적대의 출현을 목격한다(Laclau, 2014: 112). 다시 말해 적대는 내 정체성의 완성을 가로막는 것이다. "적대가 존재하는 한, 나는 나 자신의 완전한 현존일 수 없다."(라클라우·무페, 2012: 228) 이러한 점에서 적대는 "최종적 봉합의 불가능성에 대한 증인"이자 "사회적인 것의 한계에 대한 '경험'이다"(라클라우·무페, 2012: 229).

적대 해소의 불가능성

그러나 이 지점에서 지젝은 의문을 제기한다. 적대가 있기 때문에 나의 완전함이 불가능하다는 것이 맞는다면, 적대적 존재가 없어지기만 하면 나는 완전한 정체성에 도달할 수 있을까? 지젝은 헤겔의 '주인과 노예의 변증법'을 들면서 그것은 처음부터 불가능한 것임을 분명히 한다. 헤겔에 따르면 노예는 자신의 완전성이 침해되는 것의 책임을 주인의 외부적 억압에 돌림으로써 자신의 욕망을 단념하고 회피한다. 즉 한 사람의 주체성이나 정체성 혹은 완전성은 본래부터 봉쇄되어 있고 억압되어 있고 부정되어 있다.

내 완전성을 부정하는 적대적 존재란, 단지 나 자신의 자기 부정이 외화된 것에 불과하다. 즉 이는 쉽게 말해 내가 나 자신일 수 없는 이유를 내가 아닌 자에게서 찾는 격인데, 이것은 판타지에 불과하다. 지젝은 우리가 적대적 존재와의 투쟁에서 승리하는 순간에 오히려 최대의 상실을 맞이한다고 말한다. 우리는 적에 의해 박탈당한다고 믿었던 것을 결코 소유한 적이 없었기 때문이다. 따라서 지젝은 헤겔을 경유해 "노예는 도대체 어떻게 주인이 노예 자신의, 욕망의 자기 봉쇄를 단지 구현할 뿐인지 경험하는 때에만 스스로를 주인으로부터 해방할 수 있다"(지젝, 1990: 248)라고 말하며 사회 현실에서 적대와 순수한 적대를 구분해야 한다고 말한다. 스파르타인 어머니의 예를 다시 보면, 아들이 전사했다는 소식으로 인해 자신의 큰 일부를 상실했다고 느끼는 것은 현실에서의 적대라고 할 수 있다. 그런데 아들이 전쟁에서 사망했는지 살아 돌아왔는지와 관계없이 스파르타인 어머니는 애초부터 완전한 존재가 아니다. 외화된 적대와 무관하게 자신의 완전한 정체성을 가로막는 것이 순수한 적대다.

지젝의 비판을 의식한 라클라우는 독립체로서 존재는 결코 처음부터 주어진 것이 아님을 분명히 한다. 존재론적인 것과 존재적인 것의 영역은 그 사이에 구조적 틈이 있기 때문에 정확히 포개질 수 없다. 다시 말해 모든 의미와 존재의 지평이 되는 존재론적인 것과, 그것 위에 서 있으며 특정한 실체를 띠는 대상으로서 존재를 가리키는 존재적인 것이 일치되는 순간은 없고 항상 어떤 잉여가 있으며 어긋나는 부분이 있다는 것이다. 라클라우는 이 틈이 주체의 장소라고 말한다. 이 장소는 개념적으로 포착할 수 없기 때문에 사회적 적대에는 물리적 세계에는 없는 부정성이 있다. 즉 현실에서의 적대와 순수한 적대가 구분되어야 한다. 그러지 않았을 때의 이론적 교착이 마르크스주의에서도 발견된다(Laclau, 2014). 적대적이지 않은 사회로서 원시 공산주의 사회가 있었으며, 생산성의 역사가 흐르면서 계급으로 나뉜 사회의 역경이 극복되고 완성된 공산주의라는 조화로운 사회에 도달할 수 있다는 관념이 그러하다.

이에 관련해 라클라우는 그람시가 적절한 통찰을 보여준다고 말한다. 전통 마르크스주의는 프롤레타리아트를 '보편적 계급'으로 설정한다. 그 논리에서는 자본주의가 발전하면서 사회 구조가 단순화되고, 농민과 중간계급이 사라지면서 부르주아지와 프롤레타리아라는 동질적 집단 사이의 마지막 역사적 적대만 남는다. 하지만 존재론적인 것과 존재적인 것 사이에는 메울 수 없는 틈이 있기 때문에 프롤레타리아 계급만 남는다고 해서 곧 그 계급이 보편적 계급이 될 수는 없다. 그람시에게 보편성은 주어진 것이 아니라 우연히 구축되는 것이다. 그람시는 전통 마르크스주의에서 말해진 역사의 단계에 귀속되지 않는 사회적 이질성과 헤게모니에 대해 이야기했다. 사회적 이질성의 구성요소 가운데 하나가 '비어 있는 기표'로서 공동체의 부재하는 충만함을 표상하는데, 그로써 '헤게모니적 기표'가 된다. 이러한 헤게모니의 기제는 존재론적인 것과 존재적인 것 사이의 불가능한 공백을 메우는 시도로 작동한다.

이상의 이유로, 두 적대하는 진영이 있다고 가정할 때 우리는 한 진영에서 다른 진영으로 이동할 수 없다. 두 진영을 가르는 틈은 급진적이기 때문이다. 다시 말해 그 틈이 개념적으로 포착할 수 없고 표상이 불가능하기 때문이다. 모든 주체는 결핍되어 있다. 다만 결핍의 경험은 내 요구가 충족되지 않는 데서 일어난다. 이 경험은 내 요구를 들어주지 않는 상대가 부각되게 하며, 따라서 충족되지 않는 내 요구와 그에 응하지 않는 상대 간의 이분법적 분리가 나타난다. 즉 결핍된 존재로서 살아가야 하는 처지의 책임이 있는 것으로 파악된 자 혹은 집단과는 적대적 관계에 놓일 수밖에 없으며, 이들은 공동체의 일원으로 인정되지 않고 배제된다(Laclau, 2005). 이러한 적대와 배제는 끝까지 해소될 수 없다.

요컨대 '나'가 있는데 적대하는 타자가 있기 때문에 '나'에게 결핍이 있는 것이 아니다. '나'는 본래 이미 부정되어 있다. 이는 객관성의 불가능성 즉 탈구를 시사하며, 탈구는 적대의 조건을 이룬다. 즉 모든 사회적 관계는 불안정하며, 불안정한 관계 안에서 주체가 그 결핍을 채우고 완전한 정체성을 희구하는 과정에서 적대가 일어난다.

참고문헌

슬라보예 지젝(1990). “담론분석을 넘어서”. 이경숙·전효관 엮음. ≪포스트맑스주의?≫, 243-258쪽. 민맥.

안토니오 그람시 지음, 이상훈 옮김(2005) ≪그람시의 옥중수고 1: 정치편≫. 거름.

야니 스타브라카키스 지음, 이병주 옮김(2006). ≪라캉과 정치≫. 은행나무.

에르네스토 라클라우(1990). “사회의 불가능성”. 이경숙·전효관 엮음. ≪포스트맑스주의?≫, 231-236쪽. 민맥.

에르네르토 라클라우·샹탈 무페 지음, 이승원 옮김(2012). ≪헤게모니와 사회주의 전략: 급진 민주주의 정치를 향하여≫. 후마니타스.

에르네스토 라클라우(1990). “사회의 불가능성”. 이경숙·전효관 엮음. ≪포스트맑스주의?≫, 231-236쪽. 민맥.

이승원(2008). “민주주의와 헤게모니: 현대 민주주의의 특징에 관한 이론적 재검토”. ≪비교민주주의연구≫, 4(1), 67-108쪽.

Howarth, D. & Stavrakakis, Y.(2000). Introducing Discourse Theory and Political Analysis. In Howarth, D., Norval, A. J., & Stavrakakis , Y.(Eds). *Discourse Theory and Political Analysis: Identities, Hegemonies, and Social Change*, pp. 1-23. Manchester University Press.

Laclau, E.(2005). *On Populist Reason.* Verso.

Laclau, E.(2014). *The rhetorical foundation of society.* Verso.

08
비어 있는 기표

라클라우는 비어 있는 기표 개념을 통해 '어떻게 특수한 요구들이 보편적·인민적 요구를 대표하는 역할을 맡을 수 있게 되는가'라는 질문에 응답한다. 기표는 어떠한 의미와 접합되기 전까지는 어떠한 기의·담론과도 접합될 수 있는 '부유하는 기표'이고, 어떠한 담론과 접합된 이후에도 의미가 완전히 고정되지 않기 때문에 '경향적으로 비어 있는' 기표다. 따라서 특수한 요구와 접합되어 있는 기표더라도 다양한 요구들을 등가 사슬로 묶어 내고 인민적 요구를 보편적으로 대표할 수 있다.

결절점에서 비어 있는 기표로

비어 있는 기표는 라클라우가 ≪헤게모니와 사회주의 전략≫ 출간 이후의 작업을 통해 헤게모니 개념을 구체화하고 확장하는 가운데 제시한 핵심 개념이다(Howarth, 2004). 비어 있는 기표 개념 이전에 라클라우는 ≪헤게모니와 사회주의 전략≫에서 무페와 함께 제시한 결절점 개념을 사용했다. 라캉의 누빔점 개념에서 착안한 결절점 개념은 담론성 영역을 부분적으로 고정하는 특권적 담론 지점들을 지칭한다(라클라우·무페, 2012: 205). ≪헤게모니와 사회주의 전략≫에서 라클라우와 무페는 사회를 실정적인 것으로서 사유하는 시각에 반대하며 "완전히 봉합되고 자기 규정적인 총체성으로서 사회"(라클라우·무페, 2012: 203)는 달성 불가능하다고 주장한다. 그러고서 개방성과 우연성 그리고 무한성이 지배하는 담론성 영역에 복수의 의미들과 담론들이 범람하고 있을 뿐이라고 말한다. 결절점은 이러한 담론성 영역의 의미를 부분적으로 고정해 "차이들의 흐름을 억제하고 중심을 구축하기 위한 시도"(라클라우·무페, 2012: 205)인 '접합'을 가능케 한다. 여기서 헤게모니 프로젝트는 사회적 차원에서 결절점을 중심으로 사회적 질서를 구성하고 안정화하려는 시도를 뜻한다.

그러나 라클라우는 1994년에 발표한 글 "왜 비어 있는 기표들이 정치에서 중요한가?(Why do empty signifiers matter to politics?)"를 기점으로 결절점 개념을 비어 있는 기표 개념으로 대체하기 시작한다. 결절점과 비어 있는 기표는 모두 사회의 질서를 구축하는 역할을 맡는 기표에 대한 은유라는 점에서 유사하다. 그러나 이 두 개념은 '보편과 특수'를 어떻게 사유할 것인가에 대한 문제와 관련해 차이를 보인다.

≪헤게모니와 사회주의 전략≫에서도 라클라우와 무페는 헤게모니적 관계란 보편과 특수 사이의 해소 불가능한 긴장 속에서 일정한 특수성이 자신의 특수성을 유지한 채 보편성을 대표하는 것으로 자신의 본체를 변형하는 것이라고 설명한다. 또한 공통의 참조점(common point of reference), 즉 결절점을 중심으로 상징적 틀을 보존하는 것이 중요하다고 말한다. 그러나 이와 동시에 급진 민주주의는 보편적 담론에 대한 포기를 함축해야 한다고 말하기도 한다. 이는 ≪헤게모니와 사회주의 전략≫의 핵심 목표가 노동 계급에 보편적 지위를 부여하며 전개되어 온 전통적인 마르크스주의에 대한 비판이었다는 점과도 연결된다. 이 때문에 라클라우와 무페는 결절점 개념과 관련해 '어떻게 특수한 것이 보편성을 획득할 수 있게 되는가'에

대해서는 거의 설명하지 않는다.

특수한 것은 어떻게 보편적인 것이 되는가

이후 라클라우는 모든 담론에는 보편적 차원이 필수적이라는 인식을 발전시킨다. 어떤 기표가 사회적 질서를 구축하고 또 새로운 질서의 구축을 추동한다는 것은, 언제나 사회에 대한 보편적 인식틀을 제시한다는 것과 같다. 라클라우는 보편에 대한 호소가 항상 특수성 속에서 우발적으로 구현된다고 주장한다(Zicman de Barros, 2023: 4). 보편과 특수라는 두 차원의 연결고리 역할을 하는 것이 바로 비어 있는 기표다. 기성 질서의 전면적 위기를 뜻하는 탈구의 계기에는 기성 질서에서 배제되고 결핍되었던 요구들이 전면화하는 헤게모니 투쟁이 벌어진다. 그런데 각각의 요구들이 사회 질서의 전면적 재구성을 요구하는 인민적 요구(popular demand)의 차원으로 나아가려면, 그 목소리들이 한데 묶일 필요가 있다.

라클라우가 그린 유명한 도식(그림 8-1 참조)에서 '평화', '빵', '토지' 등과 같은 각기 다른 요구들(D1 , D2 , D3, D4)은 '소비에트에게 모든 권력을!'이라는 특정 요구(D1)의

그림 8-1 등가 사슬과 비어 있는 기표에 관한 도식

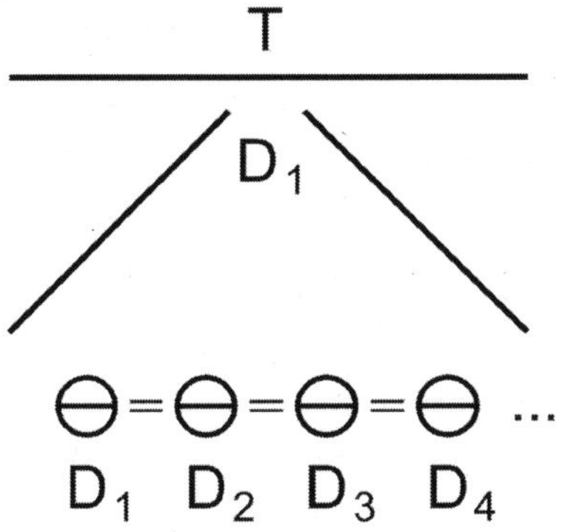

출처: Laclau, 2000: 303.

기표를 중심으로 차르주의라는 공통의 적(T)에 대항한다. 특정한 요구 D1을 중심으로 다양한 요구들 사이의 연대, 즉 등가 사슬이 만들어진 것이다. 이때 특정한 요구 D1의 기표(여기에서는 구호의 형태)가 바로 비어 있는 기표다.

다양한 요구들이 원래부터 D1을 공통분모로 하고 있었기 때문에 등가 사슬이 만들어진 것이 아니다. 라클라우는 이 도식에서 각 요구들의 원을 위와 아래로 나누고, 아래쪽은 각 요구들의 구체적인 내용이며 위쪽은 요구들의 결핍된 상태를 뜻한다고 설명한다. 요구들이 서로 공유하고 있

는 것은 '결핍' 그 자체이며, 이 결핍이 등가 사슬과 접합을 만들 수 있게 한다. 특정한 요구 D1의 기표는 단지 우연히 이러한 결핍들이 집결할 수 있는 지점이 되었을 뿐이다. 일단 특정한 기표가 비어 있는 기표의 역할을 맡게 되면, 비어 있는 기표는 비유와 전치의 작용 그리고 특정 의미와 이데올로기를 필연적·보편적 표상 관계로 해석하게 하는 독해 코드인 '신화의 생산'을 통해 다른 이질적 의미와 요구들을 포괄적으로 대표할 수 있는 보편적 힘을 띠게 된다. 이처럼 어떤 특수한 기표가 배제·결핍된 요구들의 보편적 기표로 역할하게 되는 이 관계가 바로 특수성이 보편성을 대표하게 되는 것으로서 헤게모니적 관계다. 요컨대 비어 있는 기표는 헤게모니 정치가 작동할 수 있게 하는 조건이다(Laclau, 1994).

그렇다면 비어 있는 기표에서 '비어 있음(emptiness)'은 어떤 의미일까? 담론성의 영역에서 기표는 한 기의와 본질적으로 대응하지 않는다. 따라서 기표는 어떤 의미와 접합되기 이전에는 어떠한 담론과도 접합/탈접합될 수 있는 부유하는 기표(floating signifiers)다. 더 나아가 라클라우는 한 기표가 어떤 의미와 접합되더라도 그 의미로 완전히 고정되고 가득 차 버리는 것이 아니라 어느 정도는 새로운 내용이 들어올 공간을 비워 둔다고 본다. 즉 기표는 언제나

'경향적으로 비어 있음(tendentially emptiness)'이라는 특성을 띤다. 이러한 특성 덕분에 특정한 요구와 접합되어 있는 기표더라도 다양한 요구들을 결핍을 중심으로 묶어 내고 인민적 요구를 보편적으로 대표할 수 있게 된다.

또한 비어 있는 기표는 개별적 요구들을 단순히 대표하는 기능만을 하지는 않는다. 비어 있는 기표는 개별적 요구들의 차이를 드러내면서도, 개별적 요구들을 자신의 담론 안으로 종속시키고 새로운 질서를 제시하는 역할을 맡기도 한다. 비어 있는 기표가 우발적 명명 행위를 통해 인민적 요구를 급진적으로 구성해 내는 기능을 맡는 것이다. 지젝은 '공산주의'라는 기표가 결절점 혹은 비어 있는 기표로서 '민주주의', '국가', '자유' 등과 같은 다른 요소들을 묶어 낸 사례를 이야기한다. 공산주의라는 기표는 단순히 다른 요소들을 대표하는 것을 넘어 민주주의에는 '참된 것'으로서 '공산주의적 민주주의'에 대한 의미를, 국가에는 '공산주의 국가'에 대한 의미를, 자유에는 '계급과 경제'라는 함의를 부여했다(Žižek, 1989/2013).

그러나 비어 있는 기표가 본래 가지고 있던 특수한 요구를 과도하게 강조하고 개별적 요구들의 종속적 상태가 지속되면, 개별적 요구들은 점차 등가 사슬에서 이탈하게 마련이다. 반대로 개별적 요구들의 자율성만 강화되면 인민적 등가 사슬이 붕괴한다. 비어 있는 기표를 중심으로 작동하는 헤게모니 정치에는 언제나 이러한 긴장이 존재한다 (Laclau, 2005).

참고문헌

에르네르토 라클라우·샹탈 무페 지음, 이승원 옮김(2012). ≪헤게모니와 사회주의 전략: 급진 민주주의 정치를 향하여≫. 후마니타스.

Howarth, D.(2004). Hegemony, Political Subjectivity, and Radical Dmocracy. In Critchley, S. & Marchart, O.(Eds). *Laclau: A critical reader*, pp. 256-276. Routledge.

Howarth, D. & Stavrakakis, Y.(2000). Introducing Discourse Theory and Political Analysis. In Howarth, D., Norval, A. J., & Stavrakakis , Y.(Eds). *Discourse Theory and Political Analysis: Identities, Hegemonies, and Social Change*, pp. 1-23. Manchester University Press

Lacan, J.(2018). *Les psychoses: 1955-1956, Le séminaire de Jacques Lacan 3*. Points Essais. Seuil.

Laclau, E.(1994). Why do empty signifiers matter to politics? In *Emancipation(s)*, pp. 36-46. Verso.

Laclau, E.(2000). Constructing Universality. In Butler, J., Laclau, E., & Žižek, S. *Contingency, Hegemony, Universality: Contemporary Dialogues on the Left*. Verso.

Laclau, E.(2005). *On Populist Reason*. Verso.

Laclau, E. & Mouffe, C.(1985). *Hegemony and Socialist Strategy: Toward Radical Democracy*. Verso.

Zicman de Barros, T.(2023). The polysemy of an empty signifier: the various uses of Ernesto Laclau's puzzling concept. *Journal of Political Ideologies*, pp. 1-19.

Žižek, S.(1989). *The sublime object of ideology*. Verso. 이수련 옮김(2013). ≪이데올로기의 숭고한 대상≫. 새물결.

09
등가와 차이

등가와 차이는 헤게모니의 중요한 작동 논리이며, 선험적 보편성 개념을 벗어나 보편성이 구축되거나 해체되는 과정을 설명하는 논리다. 등가와 차이는 양립 불가능하다기보다는 긴장 속에서 서로 관계하면서 질서의 전복과 구성, 체제에 대한 저항과 통치의 논리로 작동한다. 등가 논리는 정치적 주체로서 '인민'을 구성하는 특정한 포퓰리즘이 발생하는 논리이며, 차이는 이 포퓰리즘에 접합된 여러 요구와 주체가 기성 질서에 포섭되도록 하는 통치 논리라 할 수 있다.

정치 전선의 반본질주의적 구성 논리

포스트-마르크스주의 담론 이론의 주요 목적 중 하나는 이질적인 것들이 사회적 적대를 구성하면서 서로 통일되어 가고 특정한 체계와 질서 또는 집단적 정체성을 형성하는 과정을, 이것들을 보편적 수준으로 끌어올리는 운동을 초월적이거나 필연적인 토대에 의존하지 않은 채 설명하는 것이다. 이러한 시도는 사회 구성과 정치 변동의 원리를 반본질주의적(anti-essentialist) 차원에서 설명하려는 것이기도 하다. 사회 구성과 정치 변동은 이질적인 것들이 여러 특정 질서하에서 각각 존재 이유와 정체성을 부여받고 서로 실정적이고 차등적으로 관계에 이르는 과정이면서도, 이러한 실정적이고 차등적인 관계를 벗어나 새로운 존재 이유와 정체성을 획득하기 위해 기성 질서 자체에 대항하고 전복하는 과정을 포함하기도 한다. 라클라우에 따르면 전자는 이질적인 것들이 각각 자기 충족 상태이자 고립된 상태로 서로 차등적으로 연결되는 '차이 논리(logic of difference)'가 지배하는 과정이며, 후자는 사회적 적대가 담론적으로 구성되는 과정으로서 '등가 논리(logic of equivalence)'가 지배하는 상태다. 차이와 등가 두 논리는 라클라우의 포스트-마르크스주의 담론 이론에서 담론적 질서, 헤게모니 구성체, 정치 논리로서 포퓰리즘의 동학을 반본질주의적으로 설명하는 핵심 논리다. [라클라우는 이 두 논리를 '계열적인 것(paradigmatic)'과 '통합적인 것(syntagmatic)'이라는 언어의 양극을 논하는 소쉬르의 언어학에서 도출한다. 등가 논리는 서로 다른 요구와 정체성 사이 등가를 구성하면서 사회적 관계를 대립하는 진영들을 기준으로 나누는 차원을 가리키는 '계열적인 것'의 차원과 같다. 차이 논리는 등가 사슬의 요소들을 탈접합해 고립시켜 단순한 차이로 재배열하고, 그 결과 사회적 적대와 사회적인 것들을 사회 주변으로 분리하고 격하하는 것을 가리키는 '통합적인 것'의 차원과 연결된다.]

포스트-마르크스주의 차원에서 사회적 적대의 구성 방식을 설명하려면 기성 담론 체계에 결코 통합될 수 없고 오히려 체계를 위협하는 부정적 정체성들을 위한 장소가 마련되어 있어야 한다. 라클라우에게 등가 논리는 바로 이 부정적 정체성들이 각각의 차이를 (점차 약하게 드러낼 수는 있어도 획일화되지는 않은 채로) 일정하게 유지하면서 기성 체계에 대한 적대적 정치 전선을 형성하는 논리이자 장소다. 이와 정반대로 차이 논리는 기존 등가 논리를 해체하고 기성 질서를 확장해 적대적 정치 전선으로서 등가 사슬에 접합되어 있던 부정적 정체성/요소를 기성 질서의 실정적이고 상식적인 속성으로 흡수하는 논리다.

사회적 적대는 기성 질서에서도 만족될 수 있다. 또 만족되지 않더라도, 만족될 상태를 갈망하며 개별적으로 남아 있는 '민주적 요구'가 차이의 논리에 의해 기성 질서에서 관리되고 있을 때는 사회적 적대가 형성되지 않는다. 반면 개별적으로 존재하는 민주적 요구들이 공통된 것(예를 들어 각 요구의 궁극적 실현을 가로막는, 각 요구의 집단들이 함께 마주하는 기성 질서)을 찾으면서 등가적으로 접합되고 이로써 공통의 요구를 만들어 낸다면, 민주적 요구가 '인민적 요구'로 전환된다고 할 수 있다. 이 인민적 요구의 주체가 이 요구를 실현하지 못하도록 하는 반대 집단을 명확히 할 때, 사회적 적대가 발생한다. 이때 이 인민적 요구를 보편적으로 재현하려는 주체의 이름(예를 들어 '민주주의 회복', '기후정의', '차별철폐' 등)은 이 이름을 결절점으로 해서 등가적으로 연결되어 있는 여러 이질적인 민주적 요구 집단들의 공통 이름이 된다. 이것이 곧 이 맥락에서 포퓰리즘에 부여되는 특징이자 인민의 이름이 된다.

여기서 놓치지 말아야 할 점은 라클라우에게 등가와 차이는 서로 순수하게 대립하는 양극단의 논리가 아니라는 것이다. 등가는 차이를 없애는 것이 아니다. 오히려 이질적인 것들이 서로의 차이를 등가 사슬 안에서 일정 수준으로 유지하기 때문에 이질적인 것들 사이에 등가가 구축될 수 있다. 등가 사슬이 모든 차이를 없애 버리면 그것은 등가가 아니라 하나의 정체성만 남아 있는 순수한 통일체가 된다. 이것은 다양성과 차이가 등가적으로 연결되어 있는 민주주의가 아니라 모든 차이를 차별하고 배제하는 전체주의 논리로 귀결할 수 있다.

그렇다면 이미 선험적으로 주어진 보편적이고 특권적인 주체와 목적을 설정하지 않은 상태에서 이질적인 다양한 요소들(요구, 주체, 정체성 등)이 어떻게 등가적으로 연결될 수 있을까? 혹은 이것들은 어떻게 각각 분리된 채 기성 질서로 재배열될까?

이질적 요구, 주체, 정체성, 투쟁을 공동체적으로 연결하려면 이 이질적인 것 중 어느 하나가 이들을 등가적으로 연결하면서 이 모두를 '보편적인 수준인 것처럼' 재현하는 누빔점이자 결절점으로서 역할을 해야 한다. 하지만 어떤 것도 선험적으로 그 역할이 정해져 있지 않은 상태에서 특정 요소가 자기의 '해방'이나 '지배'라는 특수한 내용을 등가적으로 접합하려는 모든 것에 적용되는 일반적 이해관계나 과제로 전환하려면, 자신과는 전혀 다른 '비교할 수 없는 어떤 것의 상징으로 간주되어야 하기 때문에' 비유적 전치를 사용해야 한다(Laclau, 2001: 9). 즉, 어느 특수한 것의 이름이 모든 것을 재현하는 보편적인 것의 이름으로 전치된다. 예를 들어 1980년대 한국에서 '5·18광주' 그리고 '민중'은 당시 전두환정권의 독재와 반인권적 탄압에 맞선 노동자, 농민, 학생, 지식인, 정치인 등 다양한 집단을 반독재민주화 운동으로 묶는 이름이었다. 또한 2016년 겨울 '촛불', 2024년 겨울 '응원봉'은 위헌적 정치권력에 대항하고 민주주의를 확장하고자 함께 연대한 서로 다른 집단들을 수평적으로 연결하는 상징이었던 것을 기억해 보라.

여기서 이질적인 것들을 사슬 하나에 등가적으로 연결하는, 등가 사슬을 구축하는 보편화 과정은 '비어 있는 기표'의 이름에 의존할 수밖에 없다. 비어 있는 기표는 어떤 특수한 내용으로도 완전히 채울 수는 없지만 그 특수한 내용으로 채워진 것처럼 여겨지도록 하는 상태인 '부재하는 충만함'을 띠기 때문이다. 이러한 논리는 어떤 것의 속성이나 일부로 전체를 표현하는, 즉 인접성에 바탕을 둔 비유법인 환유와 제유 같은 수사학 논리와 유사하다. 특정 정체성, 요구, 투쟁의 이름은 이러한 수사학적 방식을 통해 자신과 등가적으로 연결되는 이질적인 것들 모두를 재현하는 보편적인 것의 이름이 될 수 있다. 이 과정은 사실상 실제 보편성을 획득하는 것은 불가능한 수사학적(담론-헤게모니적) 보편화 과정이다.

비유적 전치 효과로서의 동일화

이 불가능한 보편화를 지향하는 특정 주체는 특정 내용을 비유적으로 치환해 서로 다른 것들을 같은 것으로 묶는 계열화 과정을 요한다(Laclau, 2001: 9). 여기서 중요한 것은 특수성과 보편성 사이의 일치, 즉 서로 다른 것들의 동일화는 우연적이기 때문에 헤게모니적 실천은 비유적이라는 점, 그리고 이 비유적 관계가 동일화를 완전히 재현하지 못하기 때문에 어떤 비유든 최초 대상과 다른 엉뚱한 대상에 오용됨에도 그 오용이 정상적 비유인 것처럼 받아들여지는 남유의 논리를 포함한다는 점이다(Laclau, 2001: 9). [카타크레시스라고도 부르는 '남유'는 '남용된 은유(abused metaphor)를 가리킨다. 피에르 퐁티에(Pierre Fontanier)에 따르면 남유는 '처음 관념에 부여된 기호를 새로운 관념에 부여하는 것'으로, '새로운 관념에 상응하는 아무런 기호도 없거나 그 특정한 언어에 더 이상 기호가 남아 있지 않은 경우'에 발생한다(Fontanier, 1968: 213; Laclau. 2014: 88에서 재인용). 남유는 강제적이고 폭력적으로 특정 기호의 외연을 "확장"한다. 이처럼 기존 기호에 이전에 없었던 새로운 의미를 최초로 부여하는 남유는 '빼앗은 타인의 거주지를 자기 집으로 만드는 일'이기도 하다(Derrida, 1985; 오민용, 2022: 90; 윤일환, 2007: 79). 라클라우는 언어·수사적 차원의 이러한 남유 개념을 물질적·수행적 차원으로 확장했다고 볼 수 있다.]

비유적 전치를 통해서만 가능한 재현적 보편화는 따라서 불가능한 보편화이자 동시에 '불가능의 재현'이다(Laclau, 2000a: 56). 보편성은 어떤 방식으로도 직접 재현될 수 없기 때문에 여러 이질적 특수성을 등가적으로 연결하는 결절점 기능을 하는 특수성에 의해 '경향적으로' 재현될 수 있을 뿐이며, 이 결절점으로서 특수성은 이질적인 특수성 각각의 차이를 완전히 제거하지 않으면서 등가 사슬과 결합한다(Laclau, 2000a: 56). 요컨대 등가와 차이가 궁극적으로 양립할 수는 없지만, 긴장 관계 속에서 서로를 필요로 한다고 말할 수 있다.

이 긴장 관계 차원에서 두 논리를 좀 더 살펴보자. 라클라우는 등가 사슬이 형성되면 이질적인 것들의 기표와 의미를 구분하는 실정적 차이가 해체되기 시작하고, 등가 사슬이 확장할수록 이 사슬이 재현하는 의미는 결절점으로서 특수한 기표가 상징하는 의미에서 점점 멀어지게 된다는 점을 명확히 한다(Laclau, 2000c: 304). 이는 결절점으로서 특수한 기표/이름이 지니던 원래 특수한 의미가 약해지면서 '비어 있는 기표'의 상태에 점점 더 가까워지게 된다는 것을 뜻한다(Laclau, 2001: 11). 이러한 의미에서 결절점으로서 재현 기능을 담당하는 기표는 경향적으로 비어 있는 기표다(Laclau, 2000b; 2000c: 304). 여기서 이 기표의 의미가 점점 더 비어 있는 상태에 가까워질수록 한편으로는 등가 사슬이 점점 커질 수는 있다. 그러나 등가적으로 접합하는 접착력이 약해지기 때문에 등가 사슬이 해체되기 쉬워지며, 이 사슬에 접합되어 있던 이질적 요소들이 기성 질서에 다시 고립된 상태로 되돌아가거나, 다른 등가 사슬에 연결될 가능성이 높아진다(Laclau, 2001: 11; 2000a: 57).

예를 들어 민주주의가 '자유', '평등', '박애', '보통 선거', '1인 1투표', '인종차별 반대'라는 한정된 목록으로 등가 사슬을 형성하고 그 의미를 만들다가도, '자유 시장 경쟁', '공정', '국적', '국가 경쟁력', '재정 건전성' 등으로 목록이 확장되면 민주주의는 구체적이고 특수한 내용을 점점 명시하지 못한 채 그 의미가 흐릿해지면서 생동감 있고 활동적인 정치적 실천을 구현하기 어렵게 될 수 있다. 등가 사슬이 명시하는 의미가 점차 약해질수록 사슬에 접합된 서로 다른 요소들의 접착력도 약해지고, 결국 이 요소들은 탈접합되어 기성 질서에 대항하는 부정성을 상실한 채 다시 각각 실정적인 차이가 내세워지며 기성 질서에 포섭될 수 있다. 더 나아가 '민주주의'와는 전혀 다른 극우 파시즘이나

반지성적 혐오가 담론적으로 만들어 내는 등가 사슬과 '아주 비상식적이고 충격적으로' 연결될 수도 있다

헤게모니 작동의 두 논리

차이 논리는 구성적 실천에 기초해 기존의 사회적 통일체를 재생산하고 등가 논리는 적대의 형성을 통해 기존 사회적 통일체에 도전하고 전복하는 새로운 보편적 질서를 제안하는 기능을 한다. 이로써 두 논리 간의 긴장은 끊이지 않게 된다(라클라우·무페, 2012). 이 두 논리는 각각 그람시가 제시하는 헤게모니 개념의 두 가지 전략적 형태와 일치한다.

> 억압 정권은 헤게모니 실천에 참여해 반대파의 요구 중 일부를 (그람시의 용어를 사용하자면) 변형주의적(transformative)으로 흡수하려고 시도한다. 이러한 방식으로 한 사회와 다른 사회를 구분하는 경계를 불안정하게 만들 수 있다. 이를 위한 방법은 서로 다른 특수한 요구들의 등가 관계를 끊는 것이다. 등가 논리가 모든 요구를 각각의 특수성을 초월하는 의미를 지니게 함으로써 보편화한다면, 변형주의

는 요구의 등가적 잠재력을 무기력하게 해서 요구들을 모두 각각 특수하게 고립시킨다. 등가 논리와 정반대되는 이 두 번째 논리를 나는 차이 논리라고 부른다.(Laclau, 2000c: 303)

여기에는 주도적인 특수주의적 핵심을 중심으로 등가 사슬을 확장해 만드는 상대적 보편화만 존재할 뿐이다. '진지전(war of position)'이라는 그람시의 개념은 이를 정확히 표현한다. 조합주의적 계급에서 헤게모니 계급으로의 이행은 헤게모니 부문을 구성하는 특수한 목표의 포기가 아니라, 그들이 사회의 다른 종속 부문과 맺는 등가 관계에 기초한 보편화를 전제한다.(Laclau, 2000b: 208)

'혁명-복원' 또는 '수동혁명(passive revolution)'의 역사적 형태 중 하나인 그람시의 '변형주의(transformismo)'는 이탈리아 근대국가 형성 과정(Resorgimento, 리소르지멘토) 맥락에서 확인할 수 있다. 근대 이탈리아 맥락에서 변형주의는 "점진적이지만 지속적인 흡수(또는 동조)를 포함하며, 그 효과는 다양한 방법으로 동맹 그룹이 생산한 능동적 요소 그리고 심지어 적대적 집단의 화해할 수 없을 정도로 호전적으로 보이는 요소까지 흡수하는 것"(Gramsci, 1971: 59)을 포함했다. 변형주의 전술은 "새로운 인민적 요소를 포함하는 방식으로 상대적으로 약한 지배계급의 헤게모니를 확장”(Sassoon, 1982: 135)하고, 적대적 정치 세력을 포섭하면서 대중 지지를 얻으려는 소극적 합의 방식을 사용한다(Mouffe, 1979: 182).

그람시에게 전면 공격의 수단인 ‘기동전’과 구별되는 진지전은 “기대와 희망의 기간을 만드는 것”(Gramsci, 1971: 120)과 “반대파에 대해 더욱 공개적으로 공세를 취하고 모든 종류의 통제, 정치적·행정적 통제 등을 통해 내부가 절대 붕괴되지 않도록 끊임없이 조직하고 지배 집단의 헤게모니 위치를 강화할 더욱 개입주의적인 정부”의 헤게모니 능력을 강력히 필요로 한다(Gramsci, 1971: 238-239). 따라서 진지전은 등가 관계의 확장과 마찬가지로 정치적 표면에서 새로운 정치적 정체성의 구축과 함께 기존 (억압적) 질서의 전복 또는 그 유기적 위기에 대한 대응이 시도되는 도전적인 신화의 공간을 형성함으로써 새로운 정치 경계를 구성하는 것을 목표로 한다.

그러나 어떤 면에서는 ‘변형주의’뿐 아니라 ‘진지전’도 수동혁명을 위한 전략적 방법으로 기능한다(Gramsci, 1971: 57, 120, 238). 이 두 가지 전략에 의해 기존의 헤게모니적 (지배적) 권력 블록이 주도하는 수동혁명은 ‘프로그램’이 아니라 “다른 능동적 요소가 지배적이지 않은 상황에서 해석의 기준"이 된다(Gramsci, 1971: 114). 이 과정을 거쳐 지배 블록은 "헤게모니 투쟁의 최고 계기"를 통해 "시민 사회(국가는 정치 사회와 시민 사회의 통합이라는 의미에서)로 회귀해야 할 요소들"을 포함하는 역사적 통일체로서 "통합 국가"가 될 수 있다(Gramsci, 1971: 5, 242, 263).

물론 변형주의와 진지전의 헤게모니 실천을 단지 수동혁명 방식에서만 이해한다면 "무관심주의"와 "운명론"이라는 "역사적 패배주의의 위험"에 빠질 수 있다(Gramsci, 1971: 114). 또한 민주주의의 새로운 급진화 과정을 시작할 수 있는 정치 공간도 사라질 것이다. 오히려 그람시가 수동혁명이라는 개념이 "발전의 모든 잠재력을 비타협적으로 제시할 수 있는 격렬한 대립을 전제하고, 실제로 필요한 것으로 가정한다"(Gramsci, 1971: 114)고 지적했듯, 우리는 헤게모니 실천이 기존의 정치 공간 내에서뿐 아니라 그 공간과 외부 사이의 경계에서도 작동한다는 점을 인식해야 한다.

차이 논리로서 변형주의는 외부 요소의 흡수를 통해 정치적 주도권을 장악한 헤게모니 블록 형성과 지배 블록의 강압적 장치 강화를 위한 헤게모니 전술로만 작용함으로써 수동혁명을 가능하게 할 수 있다. 결과적으로 기존 사회질서 내에서 주체의 위치를 실정적으로 고정시키려는 시도에 불과하다(Gramsci, 1971: 58, 109; Sassoon, 1982: 135). 변형주의와 달리 등가 논리로서 진지전은 사회적 통일체의 경계를 넘어 그 적용 공간을 확장하며, '수동혁명'과 '대항-수동혁명'이라는 두 대립적 순간을 포함하는 전체 정치 변혁의 총체적 동학과 중첩된다(Buci-Glucksman, 1979: 210-211). 따라서 진지전은 상부구조와 생산의 사회적 관계가 띠는 총체성에서 파생된 '경향적으로 관계적인 정체성들'이 '집합 의지'를 생산하면서 '복잡하고 모순적이며 유일하게 상대적으로 통일된 집합체'(라클라우·무페, 2012; Gramsci, 1971: 366)인 '헤게모니 구성체'/'역사적 블록'을 구축하는 것을 목표로 한다(Gramsci, 1971: 125-133).

참고문헌

에르네르토 라클라우·샹탈 무페 지음, 이승원 옮김(2012). ≪헤게모니와 사회주의 전략: 급진 민주주의 정치를 향하여≫. 후마니타스.

오민용(2022). "읽기와 법해석". ≪서강법률논총≫, 11(2), 71-104쪽

윤일환(2007). "데리다의 은유론 명사중심주의와 태양중심주의의 해체". ≪비평과이론≫, 12(2), 57-83쪽

Buci-Glucksman, C.(1979). State, Transition and Passive Revolution. In Mouffe, C.(Ed). *Gramsci and Marxist Theory*. Routledge & Kegan Paul.

Derrida, J.(1985). White Mythology: Metaphor in the Text of Philosophy. *Margins of Philosophy*. Bass, A.(trans). UCP.

Gramsci, A.(1971). *Selections from the Prison Notebook*. Hoare, Q. & Smith, G. N.(Eds and Trans). Lawrence and Wishart.

Laclau, E.(2000a). Identity and Hegemony: The Role of Universality in the Constitution of Political Logics. In Butler, J., Laclau, E., & Žižek, S. *Contingency, Hegemony, Universality: Contemporary Dialogues on the Left*. Verso.

Laclau, E.(2000b). Structure, History and the Political. In Butler, J., Laclau, E., & Žižek, S. *Contingency, Hegemony, Universality: Contemporary Dialogues on the Left*. Verso.

Laclau, E.(2000c). Constructing Universality. In Butler, J., Laclau, E., & Žižek, S. *Contingency, Hegemony, Universality: Contemporary Dialogues on the Left*. Verso.

Laclau, E.(2001). Democracy and the Question of Power. *Constellations*, *8*(1), pp. 1-12.

Laclau, E.(2014). *The rhetorical foundation of society*. Verso.

Mouffe, C.(1979). Hegemony and Ideology in Gramsci. In Mouffe, C.(Ed). *Gramsci and Marxist Theory.* Routledge & Kegan Paul.

Sassoon, A. S.(1982). Passive Revolution and the Politics of Reform. In Sassoon, A. S.(Ed). *Approaches to Gramsci.* Writers and Readers Publishing Cooperative Ltd.

10
급진 민주주의

라클라우의 급진 민주주의는 민주주의의 여러 변형 중 하나가 아니라 민주주의가 어떤 유형에서도 민주적일 수 있도록 하는, 민주주의의 핵심을 강조하는 사상이라 할 수 있다. 즉 급진 민주주의는 직접 민주주의나 혁명적 민주주의와 같은 특정 민주주의 유형이 아니라, 그러한 하나의 유형이 고정되어서는 안 된다는 점과 자유·평등·해방의 가치를 통해 기성 민주주의의 경계를 민주적이고 급진적으로 끊임없이 재구성할 가능성을 전제한다. 따라서 라클라우의 급진 민주주의는 민주주의의 유형, 방식 또는 목표라기보다 원리라고 할 수 있다.

급진성, 절대적이고 필연적인 것을 넘어서

라클라우가 주창하는 급진 민주주의에서 '급진'은 민주주의의 기반이 절대적이고 필연적이지 않고 우연적이며, 따라서 언제든지 논쟁을 통해 바뀌거나 뒤집힐 수 있다는 것을 함의한다. 즉 민주주의의 이름으로 작동하는 모든 집단이나 조직의 원칙과 규범이 '영원의 관점에서(sub specie aeternitatis)' 무한히 유효할 수는 없다는 것, 유한하다는 것을 의미한다. 따라서 기성 제도의 무한성과 필연성을 넘어서려는 라클라우의 급진 민주주의는 C. B. 맥퍼슨(C. B. Macpherson)이나 캐럴 페이트먼(Carole Pateman) 등이 옹호한, 기성 제도 내에서 구성 가능한 다원주의에 기반을 둔 참여 민주주의와는 개념적으로 구별된다(Lee et al., 2002).

다른 한편 정치적 차원에서 '급진'은 정치 질서의 문제를 단번에 해결할 수 있음을 의미하지 않고, 오히려 이러한 전통적인 자코뱅식 급진성을 극복하려 하는 특징을 띤다. 분명 민주주의는 서로 다른 다양한 이해 집단이나 주체들이 갈등상태를 벗어나 가장 조화로운 완벽한 상태로 통일되어 가는 과정을 가정할 수 있다. 하지만 정치사회적 통일체를 구성해 가는 과정이 주체들의 다양성과 차이를 제거하고 자유와 평등의 상태를 제약하면서 새로운 주체의 참여를 이미 결정된 과정에 맞추고 제한하려 한다면, 그 과정은 민주적일 수 없다. 즉 라클라우에게 민주주의를 급진화한다는 것은 특정한 통일체를 민주적으로 구성하는 구성의 논리와, 이 특정한 통일체가 영속적으로 고정되지 않은 채 다양성과 차이 그리고 자유와 평등의 영역을 끊임없이 확장하도록 하는 전복의 논리, 이 둘 중 어느 한쪽으로 일방적으로 치우치지 않게 필연성이 아닌 우연성 차원에서 긴장과 균형을 유지하는 것을 의미한다(이승원, 2008).

따라서 라클라우에 따르면 민주주의는 그 정치 레짐, 이데올로기, 제도, 가치와 원리가 완전하게 결정될 수 없으며 끊임없이 재협상될 수밖에 없다. 다양성과 차이 그리고 자유와 평등은 특정한 질서(대표적으로 '헌법')에서 제도화되지만, 이것은 우연적이고 일시적일 뿐이다. 민주주의의 급진화는 기성 질서에서 가시화되지 못했던 다양성과 차이의 존재들이 사회적 인식 지평 위에 드러나도록 하면서 기성 질서의 주체 위치들의 타당성에 질문을 던지며 새로운 정치 주체와 질서를 구성해 가는 지속적 운동이라고 할 수 있다.

이러한 차원에서 라클라우의 급진 민주주의는 기성 질서와 급진적으로 단절하는 동시에 프롤레타리아트 계급으로 모든 주체를 통일하면서 보편적이고 궁극적인 목적

지에 도달하려는 전통 마르크스주의 혁명론과 차이를 보인다(라클라우·무페, 2012). 하지만 라클라우의 문제의식이 마르크스주의가 파악하는 자유주의, 자본주의 그리고 오늘날 신자유주의에 대한 문제의식과 다르지는 않다. 라클라우의 급진 민주주의 또한 자본주의와 함께 발전한 자유주의 그리고 대의제 민주주의에 대한 비판의 무기로 사용된다. 그러한 비판의 기원은 투표 기반 대의제와 이를 통한 정부 구성을 중심으로 하는 자유 민주주의를 비판하면서 경제적 의존에서 벗어난 자율적 판단과 일반 의지를 강조하는 장자크 루소의 저술에서 찾아볼 수 있다. 또한 시민사회와 정치 영역을 분리하는 자유주의 전통에 대한 비판과 함께 생산 그리고 사회적 관계가 얽혀 있는 구체적인 삶의 다양한 영역에서 인민의 통제를 강화하고 경제적 평등 조건을 만들어 갈 것을 주장한 카를 마르크스의 저술에서도 찾아볼 수 있다.

과두제를 넘어 인민주권을 회복하기

일반적으로 20세기 중반 이후 급진 민주주의 개념은 자본주의의 '자유 민주주의 대의제 엘리트 과두제'와 현실 사회주의의 '권위주의적 일당 독재 체제'가 강화되는 과정에서 민주주의의 핵심 중 하나인 '인민주권(popular sovereignty)'이 형식적 절차와 법치주의의 한계에 갇히고 시민 사회의 다양성, 차이 그리고 자율성이 약해지는 것에 대한 대응으로 대두되었다고 할 수 있다. 그렇다면 민주주의의 급진성을 가능하게 하는 조건은 무엇일까? 이 급진성의 조건은 기성 질서에 대한 철저한 '부정(negation)'이 아니다. 클로드 르포르(Claude Lefort)가 주장한 것처럼 그 조건은 어떤 질서를 사회가 '질서'로 받아들이게끔 하고 그 질서를 전제로 명령과 처벌을 수행할 수 있는 권력의 자리가 '비어 있는 장소'라는 점이다. 이러한 사실은 '영원의 관점'에서 벗어나 질서의 토대를 보게 한다. 즉 어떤 인물·집단·세력·정체성도 권력의 자리를 항구적이고 절대적으로 차지할 수 없으며, 어떤 특정한 정치적 해결책이나 과제도 잠정적이고 일시적일 수밖에 없다. 이러한 급진성의 조건 아래에서만 다양성과 차이는 위계적이지 않게 특정한 민주적 질서에서 자유롭고 평등하게 보장될 수 있다.

르포르에 따르면 프랑스혁명이 민주주의 혁명인 이유는 단지 왕의 목을 자르고 군주제를 철폐해서가 아니다. 혁명을 통해 권력의 자리가 더 이상 특정한 인물이나 세력에 의해 선험적이고 결정론적으로 차지될 수도 세습될 수도 없도록, 계속해서 누구나 그 자리를 차지하기 위해 경쟁하면서도 끊임없이 그 자리가 '비어 있는 장소'로 남도록 했기 때문이다. 즉 '왕의 신체'가 곧 권력의 자리인 군주제와 달리 민주주의에서 권력은 어느 누구에게 완전히 귀속하지 않고 일시적으로 부여될 뿐이다. 따라서 민주주의는 권력이 누구에게 속하는지에 대한 '확실성의 표식'이 사라지고, 언제나 그 자리를 채우기 위한 경쟁과 갈등이 발생하게 된 불안정한 체제다(Lefort, 1988: 19).

급진 민주주의는 권력의 장소가 비어 있으며 이 장소를 점유할 권력의 성격이 그 구조 자체에서 미리 결정하지 않는다는 것을 전제로 한다. 이러한 차원에서 볼 때 권력이라는 보편성의 논리와 이 보편성의 논리를 독차지하려는 특정 정체성이라는 특수성, 이 둘 사이 간격이 결코 채워지지 않고 오히려 끊임없이 비워져 갈 때 민주주의의 급진화가 가능하다. 따라서 특정 정체성이 잠정적이고 한시적으로 권력의 자리를 차지하면서 여러 다른 정체성과 등가 관계를 형성하고 이들을 대표/재현하는 방식은 헤게모니적 정체성이 다른 정체성들의 차이를 삭제해 나가면서 하나의 정체성으로 통일해 가는 권위주의적인 방식이 아니다.

급진 민주주의 차원에서 대표/재현의 방식은 다양성과 차이를 유지한 채 때로는 유비적 관계를 설정하고, 때로는 인접성 관계를 기반으로 하는 은유와 환유의 논리를 취한다고 볼 수 있다. 따라서 민주주의를 급진화하는 주체는 선험적으로 결정된 특권적 주체가 아니라 특정한 국면과 맥락에서 은유와 환유의 방식으로 다른 여러 주체/정체성을 하나의 민주적 목표로 등가적으로 연결할 수 있을 때 헤게모니적으로 출현할 수 있다. 예를 들어 상대적으로 조직화가 잘 되어 있고 동원 규모가 큰 노동조합이나 농민운동단체가 성소수자, 여성, 인종, 장애인, 이주민 등을 향한 억압과 차별에 맞서 그들과 연대투쟁 하는 경우를 상상해 보자. 노동조합과 농민운동단체는 한편으로 투쟁의 현장에서 이 피억압 집단들을 보호하고 이들의 투쟁이 민주주의 진전을 위한 중요한 정치적 과제임을 사회적으로 확산할 때, 그들로부터 신뢰와 리더십을 얻어 나갈 수 있다. 다른 한편으로 이 서로 다른 집단의 연대투쟁 과정에서 노동조합과 농민운동단체는 (적어도 자기들의 이익을 위해 교묘히 피억압 집단을 이용하려는 악의를 품은 것이 아니라면) 자신들에게 잔존한 가부장적 권위주의나, 소수자와 사회적 약자에 대한 왜곡된 관념을 해소해 나가면서 더욱 급진화된 민주주의를 체화할 기회를 얻을 수 있다. 이것이 라클라우가 생각하는 민주주의의 지형이자, 서로 다른 집단이 그 차이성을 제거하지 않으면서도 새로운 정치적 주체로 구성되는 헤게모니 실천의 지형이라 할 수 있다.

해방을 향한 정치 프로젝트

라클라우에게 급진 민주주의의 작동 논리는 반본질주의적 헤게모니의 작동 논리와 동일하며, 인민이 정치적으로 구성되는 포퓰리즘의 작동 논리 또한 이와 같다. 라클라우에게 급진 민주주의 논리는 모든 전체주의적이고 반민주적인 권위주의적 공세에 대항하면서 정치 공간을 급진적으로 확장하고, 배제되거나 피억압 상태이거나 자기 목소리를 정치적으로 내세울 수 없는 자들이 새로운 정치 주체로 출현하고, 새로운 인민이 정치적으로 구성되고, 기성 질서가 민주적으로 재구성될 수 있는 논리다. 즉 수많은 지점에서 발현되는 수많은 해방들(emancipations)의 논리다. 이러한 점에서 정규직과 비정규직 그리고 이주 노동자들의 연대 투쟁, 멕시코 사파티스타 운동, 스페인 인디그나도스, 월 스트리트 점령 운동, 그리스 시리자, 세계 곳곳의 반세계화 운동, 땅을 빼앗긴 원주민들의 투쟁, 양도 불가능한 공공재의 사유화에 대항하는 커먼스 운동, 대항과 해방으로서의 퀴어 축제 등 수많은 해방적 실천은 기존 법질서와 정치 체제를 넘어 인민 주권을 회복하는 새로운 정치적 상상에 기반한 급진 민주주의의 공간을 확장하고 있다고 할 수 있다.

라클라우에 따르면 민주주의의 급진화란 '민주적 정치 레짐', '민주적 주체성', '민주적 보편성'이라는 민주주의의 세 가지 차원 중 어느 하나가 다른 둘을 우세하게 지속적으로 지배하지 못한 채 서로 결정 불가능한 상태로 경합해 가는 것을 의미한다. 특정한 정치 레짐이 새로운 주체성의 출현을 억제하거나 민주주의 가치가 보편적으로 확장되는 것을 제한해서도 안 되며, 특정한 민주적 주체성이 특권적 위치를 점유하면서 정치 레짐을 독점해서도 안 되며, 특정한 민주주의 원리나 가치가 정치 레짐과 주체성의 특징을 절대적으로 결정해서는 안 된다. 민주주의의 급진화, 급진 민주주의의 확장이란 사실상 민주주의의 '민주성'을 회복하는 것이라 할 수 있다(Howarth, 2004).

라클라우 사후 무페는 이러한 급진 민주주의 전략을 '좌파 포퓰리즘'으로 재개념화했다. 좀 더 구체적으로 말하자면, 신자유주의 초국적 금융자본 질서가 초래한 기후위기, 불평등, 반민주적 우파 포퓰리즘의 확장에 맞서기 위해 정치 영역을 확장하고, 새롭게 정치적으로 형성된 인민이 국가를 민주적으로 재구성하는 '녹색 민주주의 혁명'을 제시했다(무페, 2019; 2022).

급진 민주주의는 오늘날 우리 사회 곳곳에서 드러나는 지배와 억압, 차별과 배제의 관계에 대항하고 이를 재구성하기 위해 여러 민주적 요구와 정체성을 헤게모니적으로 접합하려는 정치 프로젝트로 구현되고 있다. 라클라우는 급진 민주주의의 목표가 "자유민주주의 이데올로기를 단념하는 것이 아니라, 반대로 이것을 급진적이고 다원적인 민주주의 방향으로 심화하고 확장하는 것"(라클라우·무페, 2012: 302)이라고 말한 바 있다. 즉 급진 민주주의는 자유·평등·연대의 가치에 따라 다양한 요구들이 민주적으로 등가 관계를 형성하고, 이를 통해 기성 억압과 착취 관계를 전복하고, 새로운 사회적 질서와 상식을 구성해 가는 정치적 실천이다.

라클라우와 무페의 급진 민주주의 전략에서는 정치적 실천을 주도할 정치 집단이나 지도력이 결정되어 있지 않으며, 모든 억압적 질서가 해체되고 적대가 사라지는 완전한 해방 상태로서 정치의 종말이 예정되어 있지도 한다. 단, 그렇다고 해서 라클라우와 무페의 급진 민주주의 전략이 모든 것이 가능하다는 말을 앞세우면서 사실상 아무런 정치적 과업과 실천 전략을 구체적으로 제시하지 못하는 추상성만 띠고 있는 것은 아니다.

급진 민주주의를 위한 모든 기획은 사회주의적 차원을 함의하는데, 수많은 종속 관계들의 뿌리가 되는 자본주의적 생산관계는 반드시 종식되어야 하기 때문이다. 그러나 사회주의는 급진 민주주의 기획의 여러 구성 요소 가운데 하나일 뿐, 그 역은 성립하지 않는다. 바로 이런 이유 때문에 급진적이고 다원적인 민주주의 전략의 요소 가운데 하나로 생산 수단의 사회화를 말할 때, 그것이 노동자 자주 관리만을 의미할 수는 없음을 강조해야만 한다. 이는 무엇을 어떻게 생산하고 그 생산물을 어떻게 분배할 것인가를 결정하는 과정에 모든 주체가 진정으로 참여하는 것이 관건이기 때문이다. 오직 그와 같은 조건들에서만, 생산의 사회적 전유가 존재할 수 있다. 그러므로 쟁점을 노동자 자주 관리의 문제로 축소하는 것은, 노동자의 '이해'가 생태학적 요구들 또는 생산자는 아니지만 생산 영역에서 이루어진 결정에 영향을 받는 여타 집단의 요구들을 고려하지 않는 방식으로 구축될 수 있다는 사실을 간과하는 것이다.(라클라우·무페, 2012: 305)

이러한 입장은 모든 분화된 정체성과 이해관계를 노동계급 중심으로 통일하고 사회주의 전략을 좇아 민주주의를 구현하려는 전통적인 마르크스주의 입장과 충돌한다. 그럼에도 라클라우와 무페는 마르크스주의가 품은 문제의식과 해방적 과업을 부정하지 않으며, 오히려 이 과업을 급진 민주주의 차원으로 확장한다. 이런 측면에서 라클라우와 무페는 자신들의 급진 민주주의 구상이 '포스트' 마르크스주의이면서 동시에 포스트 '마르크스'주의라고 주장한다(라클라우·무페, 2012).

참고문헌

샹탈 무페 지음, 이승원 옮김(2019). ≪좌파 포퓰리즘을 위하여≫. 문학세계사.

샹탈 무페 지음, 이승원 옮김(2022). ≪녹색 민주주의 혁명을 향하여: 좌파 포퓰리즘과 정동의 힘≫. 문학세계사.

에르네르토 라클라우·샹탈 무페 지음, 이승원 옮김(2012). ≪헤게모니와 사회주의 전략: 급진 민주주의 정치를 향하여≫. 후마니타스.

이승원(2008). "민주주의와 헤게모니: 현대 민주주의의 특징에 관한 이론적 재검토". ≪비교민주주의연구≫, 4(1), 67-108쪽.

Howarth, D.(2004). Hegemony, Political Subjectivity, and Radical Dmocracy. In Critchley, S. & Marchart, O.(Eds). *Laclau: A critical reader*, pp. 256-276. Routledge.

Lee, Seoungwon, Pessoa, C., Hernández, M., & Thomassen, L.(2001). Theory, Democracy and the Left: An Interview with Ernesto Laclau. *Umbr(@)*, 6, pp. 7-27.

Lefort, C.(1988). *Democracy and Political Theory*. Macey, D.(trans). Polity Press.

에르네스토 라클라우(Ernesto Laclau, 1935~2014)

정치이론가. 아르헨티나 부에노스아이레스에서 태어났다. 부에노스아이레스대학교에서 역사학을 전공했으며, 대학 시절 아르헨티나 사회당을 중심으로 학생 운동을 이끌었다. 1966년 군부에 의해 대학 강사직에서 쫓겨난 후 영국으로 건너가 박사 학위를 받았고, 아르헨티나에서 군사 정권이 재출현하자 영국에 남게 되었다. 이후 대학에서 '이데올로기와 담론분석' 석박사 과정을 주도하면서 에식스학파(Essex School)를 자연스레 형성했다. 2000년대부터는 아르헨티나 키르츠네르 정부, 스페인 급진좌파 정당 포데모스의 정치적 자문을 맡기도 했다. 2014년, 스페인 세비야에서 포데모스와 워크숍을 하던 중 심장마비로 사망했다. 제3세계 정치적 맥락과 서구 마르크스주의를 비판적으로 성찰하면서 포퓰리즘, 헤게모니, 급진 민주주의 등의 정치 개념과 담론 이론, 포스트 마르크스주의를 발전시켰다. 주요 저작으로 ≪헤게모니와 사회주의 전략(Hegemony and Socialist Strategy)≫, ≪해방(들)[Emancipation(s)]≫, ≪포퓰리즘 이성에 대하여(On Populist Reason)≫ 등이 있다.

김내훈

작가. 연세대 커뮤니케이션대학원에서 미디어문화연구 박사 과정 중이다. ≪프로보커터: '그들'을 도발해 '우리'를 결집하는 자들, 주목경제 시대의 문화정치와 관종 멘털리티 연구≫와 ≪급진의 20대: K-포퓰리즘, 가장 위태로운 세대의≫를 썼고 ≪인싸를 죽여라: 온라인 극우주의, 혐오와 조롱으로 결집하는 정치 감수성의 탄생≫을 한국어로 옮겼다. 포퓰리즘 담론과 문화정치에 관심이 있다.

이승원

영국 에식스대학교 "이데올로기와 담론분석(Ideology and Discourse Analysis)" 과정에서 에르네스토 라클라우의 지도로 박사 학위를 받았다. 서울대 아시아도시사회센터, 시시한 연구소, 커먼즈네트워크에서 활동하고 있다. 급진 민주주의, 사회운동, 정치 변동, 포퓰리즘, 커먼즈, 도시 정치 등을 주제로 연구하고 있다. 주요 저역서로 ≪민주주의≫, ≪커먼즈의 도전≫(공저), ≪우리는 왜 쉬지 못하는가≫, ≪헤게모니와 사회주의 전략≫, ≪좌파 포퓰리즘을 위하여≫, ≪녹색 민주주의 혁명을 향하여≫, ≪비판적 시민성을 위한 민주주의 교육≫ 등이 있다.

이준형

미디어 문화연구자. 서강대학교 신문방송학과에서 한국의 미디어 포퓰리즘 정치를 주제로 박사 학위를 받았다. 현재 전국언론노동조합에서 정책 전문위원으로 일하고 있고, 신촌문화정치연구그룹의 연구원으로도 활동 중이다. 최근에는 문화연구, 포퓰리즘 이론, 국가론을 이론적으로 종합하고 분석적으로 활용하는 연구를 수행 중이다.

현우식

제주대학교 사회학과 대학원 박사 과정을 수료하고 에르네스토 라클라우의 반본질주의 정치학을 주제로 박사 학위 논문을 작성하고 있다. 서교인문사회연구실, 신촌문화정치연구그룹의 회원으로 활동하고 있으며 '담론과 이데올로기', '커먼센스인 커먼즈', '다른 정치의 본령' 모임에 참여하고 있다.